강대국만 핵무기를 가져야 할까?

세계를 움직이는 힘은
누가 갖고 있을까?

여러분은 지금 사는 세상에 대해 만족하나요? 갑작스런 질문에 당황했나요? 하지만 천천히 잘 생각해 보면 분명히 바꾸고 싶거나, 바뀌면 좋을 것 같은 일이 있을 거예요. 현실에 완벽하게 만족하는 사람이란 정말 드무니까요. 나 자신이 원하는 세상은 어떤 모습인지를 한번 상상해 보세요.

가장 간절하게 바라는 변화는 사람마다 다를 거예요. 전쟁이 없는 평화로운 세상을 꿈꿀 수도 있고, 가난이 없는 평등한 나라를 희망할 수도 있습니다. 어렵게 공부하지 않아도 뇌에 칩만 투입하면 지식을 저절로 획득하는 세상을 그려 볼 수도 있어요.

물론 많은 사람들이 원한다고 세상이 마술처럼 변하지는 않습니다. 게다가 여러분은 아직 부모님의 품 안에서 보호를 받아야 하는 입장이니 자신의 목소리를 크게 내기도 쉽지 않지요. 그래도 세상은 여러분의 것이고, 특히 미래의 세상은 여러분이 만들어 간다는 사실을 잊지 마세요.

예를 들어 어른들은 지구 온난화에 사실 큰 관심이 없습니다.

4

자신들이 존재하지 않을 50년, 혹은 100년 뒤 세상에 대해서는 관심이 없는 것도 당연하지요. 대부분의 어른들은 늘 현재나 가까운 미래를 더 중요하게 생각한답니다. 미래에 기후 변화로 많은 자연재해가 발생한다면 제일 큰 피해를 보는 사람들은 바로 여러분과 여러분의 자녀일 것입니다. 따라서 어디서나 청소년들이 환경에 대해 목소리를 드높이는 경향이 강하지요.

자기가 바라는 세상을 그릴 때 우리는 그것을 비전이라고 부릅니다. 비전을 가진 사람은 막연하게 하루하루 살아가는 사람에 비해 뭔가 차이가 날 수밖에 없습니다. 목표가 있으니까요. 하지만 아무리 훌륭한 사람도 혼자서 세상을 바꿀 수는 없습니다. 자신과 비슷한 생각을 가진 사람들과 함께 꿈을 나눠야 하고 힘도 모아야 합니다. 한 사람의 목소리는 공허하게 울리더라도 수백 명이 함께 소리치면 무시할 수 없는 힘을 얻게 되거든요.

과학 기술과 교통의 발달로 21세기의 지구는 하나의 공동체가 되었습니다. 따라서 여러분이 희망하는 변화를 실현하기 위해서는 세계를 알아야 하고 이해해야 합니다. 한 사람의 목소리보다 수백 명의 함성이 더 효율적이듯이 한 나라의 주장보다는 세계 곳곳의 함성이 더해질 때 획기적인 변화를 이룰 수 있답니다.

인류의 역사에서 거의 모든 사회는 노예 제도를 운영했습니다. 한반도에도 노비 제도가 있었죠. 유럽 사람들은 수백 년 동안 아프리카 사람들을 강제로 잡아다 아메리카 대륙에 노예로 팔았습니다. 그러나 인간을 사고팔거나 평생 종으로 부리는 제도를 용납할 수 없다는 목소리가 점차 커지기 시작했고 결국 노예 제도는 점진적으로 사라지게 되었습니다. 비록 노예제에 준하는 참혹한 현실은 아직도 지구촌 곳곳에 존재하지만 요즘은 그런 일을 대 놓고 공개적으로 운영할 수는 없게 되었죠.

이 책에서 함께 공부할 국제 정치학이라는 학문은 현대 사회의 세계 상황을 살펴보면서 누가 힘과 권력을 갖고 있는지, 국제 사회의 구조는 역사적으로 어떻게 만들어졌는지를 탐구합니다. 여러분이 바라는 사회를 만들려면 변화를 이룩해야 하겠죠. 변화에 도달하기 위해서는 힘이 있어야 하고 폭넓은 지식도 필요합니다. 국제 정치학은 그 출발점이라고 볼 수 있습니다.

하나의 사례만 들어 보죠. 앞에서 우리는 '21세기 지구는 하나의 공동체'라고 밝혔습니다. 이 단순한 한국어 문장 안에 사실은 세계의 역사와 구조가 녹아들어 있습니다. 한국어 안에는 한자에서 비롯된 단어들이 넘쳐 납니다.

세기(世紀), 지구(地球), 공동체(共同體)는 모두 한자(漢字)의 개념에서 만들어진 단어들이죠. 아라비아 숫자 21은 사실 인도에서 사용하던 수를 표현하는 방식입니다. 인도에서 아라비아를 거쳐 유럽에 도달한 뒤 세계로 전파된 기호랍니다. 백 년을 단위로 세기라고 부르는 습관, 그리고 예수 그리스도의 탄생을 기점으로 역사를 바라보는 시각은 모두 유럽에서 전해진 시간의 개념입니다.

그렇다면 우리는 왜 중국과 인도와 유럽에서 전해진 말과 기호, 생각과 제도를 사용하게 된 것일까요? 바로 그 해답을 국제 정치학의 테두리 안에서 찾아보도록 하겠습니다.

차례

4장
역사에 새겨진 세계의 불평등

5장
공존을 위한 지혜

6장
국제 사회에도 공정한 심판이 필요하다

7장
더 나은 세상으로

• 에필로그

1장

한 걸음
떨어져서
보는 세상

1

외계인은 지구의 주인이 누구라고 생각할까?

여러분은 혹시 집에 반려동물이 있나요? 반려동물은 대개 식구들의 사랑을 듬뿍 받고 지냅니다. 사정을 모르는 외계인이 지구에 도착한다면 반려동물이 인간을 다스리는 주인이라고 생각할지도 모릅니다. 반려동물이 목욕을 하거나 산책을 할 때, 그리고 변을 볼 때 우리는 그들의 시중을 드는 노예처럼 보이기 쉽지요.

인간은 너무나 자연스럽게 호모 사피엔스가 지구를 지배하는 만물의 영장이라고 생각합니다. 실제 인간은 땅을 일궈 농사를 짓고 동물을 길들여 젖과 고기, 가죽과 털을 얻는 지혜를 발휘했습니다. 개나 고양이는 아주 오래 전부터 인간과 친구처럼 지내는 가까운 사이죠.

사람들은 지하에 묻혀 있는 석탄과 석유, 가스를 발굴해 추위를 견디는 연료로 사용하는 것은 물론 자동차와 배, 비행기를 만들어 육지, 바다, 하늘 할 것 없이 지구를 자유롭게 오가고 있습니다. 요즘은 아무리 멀리 떨어져 있어도 스마트폰만 있으면 서로 얼굴을 보면서 통화를 할 수 있는 세상입니다.

이런 현실을 볼 때 우리는 당연히 스스로를 지구의 주인으로 생각하고 살아왔습니다. 하지만 모든 학문의 출발점은 당연한 생각을 원점에서 다시 생각해 보는 것입니다. 관점에 따라 우리가 상식으로 여기는 일들이 결코 당연하지 않을 수 있거든요. 그래서 인간이 아닌 외계인의 입장과 관점에서 한번 현실을 생각해 보자는 제안을 하는 것입니다.

지구에 사는 인간의 수는 2021년 현재 78억 명에 달합니다. 엄청난 숫자죠. 5천만 명 조금 넘는 한국의 인구보다 무려 156배나 더 많은 수입니다. 그렇다면 사람이 키우는 가축의 규모는 얼마나 될까요? 우선 닭만 따져도 240억 마리가 넘는다고 하네요. 여기에 돼지나 소, 양을 더하면 이 숫자는 대단하겠죠? 반려동물만큼은 아니지만 이들도 인간의 도움을 받고 태어나 자란다고 볼 수 있습니다. 결국은 도살되어 식탁에 오르는 운명이지만 말입니다.

군이 숫자를 따진다면 자연에서 번식하고 생활하는 개미는 1,000조에서 1경 마리로 추산되니 참으로 어마어마한 규모입니다. 또 인간의 눈에 보이지도 않는 바이러스나 박테리아 같은 미생물들은 30~40억 년 전부터 존재했을 것으로 봅니다. 지구촌의 진정한 터줏대감인 셈이죠. 물론 이런 미생물들의 숫자는 상상할 수 없이 많지요. 만일 우주에 또 다른 생명체가 있다면 우리와 비슷한 모습을 한 존재보다는 이런 미생물일 가능성이 더 큽니다.

코로나 바이러스가 초래한 위기를 우리 모두 경험했듯 바이러스는 인간의 삶을 송두리째 변화시키는 무서운 존재인 셈입니다. 국경은 닫히고 사람들이 격리되는 변화를 가져왔으니까요. 외계인이 2020년의 지구를 살펴보았다면 코로나 바이러스에 벌벌 떠는 인간들을 보면서 코로나가 지배하는 위성으로 단정하지 않았을까요?

모든 생명체와 공존하기

우주의 별마다 주인이 있다는 생각도 따지고 보면 무척 인간 중심의 생각입니다. 사람이 세상을 지배하고 소유한다는 생각을 우주에 적용한 것이니까요. 오히려 지배와 소유보다는 공존이라는 틀로 세상을 바라볼 수도 있습니다. 인간도 동물도, 보이지 않는 미생물이나 식물도 모두 지구라는 공동의 삶의 터전을 공유하는 셈이니까요.

국제 정치학 첫머리부터 왜 생뚱맞게 우주와 지구와 생물 이야기를 하는 걸까요? 그 이유는 우주의 푸른 별 지구는 인류가 태어나 살아온 터전이고 그 속에서 인류의 역사가 진행된 무대이기 때문입니다. 한국에서 바라보는 세상은 동해와 서해, 중국과 일본이 가까이 있고, 아시아 대륙과 커다란 바다 태평양을 끼고 미국이나 러시아가 존재하는 세상이죠. 물론 한국 땅에서 한국을 중심으로 바라보는 세상의 모습입니다.

개구리가 우물에서 튀어 오르듯 우주선을 탄 외계인의 입장에서 지구를 관찰하면 색다른 시각으로 세상을 볼 수 있겠지요. 국제 정치학의 궁극적인 목적은 드넓은 우주의 작지만 아름다운 별 지구에서 인류가 모두 평화를 누리며 행복하게 살아가는 길을 탐구하는 데 있습니다. 인류를 넘어 지구와 그 안에 사는 모든 생명체와 공존하는 방식을 찾는 일이기도 합니다. 주인으로 명령하 듯 지구를 대하는 대신 다양한 생명체와 사이좋게 가꾸어 후손에 게 물려줘야 하는 곳이 지구입니다. 우리는 바로 그 의무를 수행 해야 하는 존재이지요.

국경 없는 세상이 가능할까?

2

국경선

여행은 상상만 해도 무척 신나는 일입니다. 실제 뒷산이나 강변에만 가도 기분이 좋아지고 설악산이나 해운대 바닷가에 놀러 가면 흥이 납니다. 국내 여행을 하듯 기차만 타면 평양까지 달려가고 중국 베이징의 자금성으로 구경 갈 수 있다면 얼마나 편한 세상일까요? 과연 나라와 나라 사이에 국경이 없는 세상을 만들 수 있을까요?

국경(國境)이란 나라 사이에 영역을 가르는 경계라는 뜻이죠. 따라서 국경이 존재하려면 먼저 나라가 있어야 하고, 다음엔 경계를 그려야 한답니다. 세계 지도를 보면 나라마다 다른 색으로 칠해 놓은 것을 알 수 있습니다. 색이 다른 두 나라 사이엔 경계가 뚜렷하게 드러납니다.

21세기 지도를 보면 이처럼 온 세계가 다양한 나라로 뒤덮여 있습니다. 각 나라들은 한 조각 땅이라도 있으면 서로 차지하려고 다툼을 벌이지요. 국경 분쟁이란 여러 나라가 하나의 영토를 차지하려고 다투는 일입니다. 세계에서 주인이 없는 땅은 남극과 북극의 거대한 얼음 덩어리밖에 없답니다.

사실 지구의 역사를 자세히 살펴보면 나라가 만들어진 것도, 그래서 경계를 그은 것도 비교적 최근의 일입니다. 한반도만 보더라도 처음으로 반도의 상당 부분을 차지하는 나라가 만들어진 것은 7세기 신라 때입니다. 당시 신라의 경계는 지금과는 달랐고 고려, 조선 등을 거치면서 변화해 왔습니다.

20세기까지 세계 곳곳에서 나라의 주인은 왕이었습니다. 유럽의 역사를 보면 왕실의 혼인 관계에 따라 나라가 송두리째 바뀌어 버리는 일은 빈번했습니다. 예를 들어 스코틀랜드 여왕이 프랑스 왕이랑 결혼하면 두 나라가 합쳐지는 식이었죠. 16세기 카를로스 5세는 친가와 외가의 할아버지, 할머니들이 모두 다양한 지역의 왕이라 오스트리아, 네덜란드, 스페인, 그리고 프랑스의 부르고뉴 지역을 계승하는 '슈퍼 왕'이 되었답니다.

지금처럼 지도에 정확한 선을 그어 국경으로 정한 것도 점진적으로 진행된 일입니다. 높은 산이나 강, 바다가 있으면 비교적 쉽게 국경으로 삼을 수 있지만 평야나 언덕에 경계를 그리기란 매우 어려운 일이죠. 국경이 존재하려면 과학에 기초한 세밀한 지리적 지식이 필요하고 무엇보다 국경을 지키는 사람들이 있어야 합니다.

21세기 현재에도 국경이 제대로 지켜지는 곳은 그다지 많지 않아요. 한반도를 가로지르는 휴전선 철조망과 폭이 4km나 되는 비무장 지대는 아주 예외적인 경우랍니다. 미국과 멕시코 사이의 국경의 길이는 무려 3,145km나 되는데 미국의 도널드 트럼프 전 대통령이 재임 기간(2017~21년) 동안 이곳에 장벽을 쌓겠다고 추진해 세계의 웃음거리가 된 일이 있습니다.

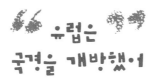

유럽은 국경을 개방했어

중소 규모의 나라들이 옹기종기 붙어 있는 유럽의 경우 1985 년 셍겐 조약이라는 국제 협약을 맺어 서로 국경을 개방했습니다. 굳이 여권을 챙기지 않아도 프랑스에서 스위스로 그리고 다시 독일로 자유롭게 오가는 일이 가능해진 것입니다. 한국에서 고속 도로를 달리다 보면 경기도에서 강원도로 넘어가듯 유럽에서는 이탈리아에서 오스트리아로 곧바로 건너갈 수 있습니다. 유럽에서는 물건 값이 싼 이웃 나라로 넘어가 장을 보거나 국경을 넘어 출퇴근을 하는 일이 흔하답니다.

역사를 공부하거나 국제 뉴스를 보면 영토를 넓히기 위해 전쟁을 벌이는 이야기로 가득 차 있습니다. 말하자면 국경 싸움인 셈이죠. 하지만 대립과 전쟁 못지않게 평화로운 관계 속에서 자유롭게 사람들이 왕래하고 물건을 거래하는 국경도 넘친답니다. 인간은 항상 새로운 것과 다른 것에 대한 호기심이 끝없이 많으니까요. 이런 경우에는 국경이 서로 호전적으로 노려보는 경계선이 아니라 교역과 만남의 장소가 되는 것이죠.

이 책의 커다란 주제인 국제(國際)란 나라와 나라 사이의 관계를 뜻합니다. 영어로는 인터(inter) 내셔널(national)이라고 부르죠. 사회가 사람과 사람의 관계를 전반적으로 연구한다면 국제 정치란 국가와 국가 간에 얽힌 관계를 집중적으로 탐구하는 학문입니다. 쉽게 말해 국경을 넘나드는 모든 관계가 연구의 대상이 되는 것이죠. 대통령의 국빈 방문부터 여러분의 해외여행에 이르기까지, 그리고 망고의 수입부터 〈리그 오브 레전드〉 인터넷 게임까지 현대인의 삶에서 국제 관계는 모든 분야에 존재한답니다.

3

말라위의 부자가 좋을까, 노르웨이의 노숙자가 좋을까?

말라위는 아프리카 남부에 있는 나라로 세계에서 가장 가난한 국가에 속합니다. 반면 노르웨이는 유럽의 북부에 위치한 나라로 세계에서 제일 잘사는 선진국 중 하나입니다. 가난한 말라위의 부자와 부유한 노르웨이의 가난한 사람을 비교하면 누구의 삶의 더 풍요로울까요?

우주에서 바라보는 아름다운 별 지구는 하나지만 그 속에는 참으로 다양한 나라들이 있습니다. 어떤 나라는 부자라서 돈이 넘쳐 나고 다른 나라는 너무 가난해서 먹고살기조차 어려운 경우가 있습니다. 1인당 국민 소득이란 한 명의 국민이 일 년에 평균 버는 돈을 의미하는데 미국 돈 달러로 표시하지요. 나라들의 빈부를 비교하기 위해 사용하는 잣대랍니다.

예를 들어 2020년 현재 노르웨이는 1인당 국민 소득이 무려 6만 달러가 넘는데 말라위는 4백 달러에도 미치지 못합니다. 물론 노르웨이 같은 선진국은 물가가 비싸고, 말라위 같은 개발 도상국은 물가가 싼 편이라 단순 비교는 어렵지요. 이런 물가 수준을 감안한 통계를 만들기도 하는데 그 기준으로도 노르웨이는 6만 달러 이상, 말라위는 1천 달러 정도로 조정이 됩니다. 여전히 60배 이상의 소득 차이가 나지요.

그런데 우리가 처음에 던진 질문은 말라위의 부자와 노르웨이의 가난한 사람을 비교하는 것이었습니다. 대개 아프리카의 개발 도상국들은 독재가 심하고 부가 집중되어 있기 때문에 나라는 가난해도 상류층은 엄청난 부를 누리곤 합니다. 따라서 말라위의 최고 부자 수십 명, 혹은 수백 명만을 따진다면 노르웨이의 노숙자들보다 훨씬 더 잘살 거예요. 하지만 인구 2천만 명의 말라위에서 상위 10%, 즉 2백만 명의 생활 수준을 인구 5백만 명의 노르웨이에서 하위 10%인 50만 명과 비교해 보면 이야기가 다릅니다.

빈곤국의 최상위 10%도 선진국의 최하위 10%와 비교하면 생활 수준이 훨씬 낮습니다. 노르웨이는 평균 소득이 높을 뿐 아니라 전 국민이 혜택을 누릴 수 있는 복지 제도가 잘 갖추어져 있습니다. 어린이들은 학교에 가서 훌륭한 교육을 받고 시민들은 몸이 아프면 저렴하게 치료를 받을 수 있지요. 실업자가 되면 국가에서 수당을 지불해 주고 노인이 되면 역시 사회 연금을 충분하게 받습니다. 이런 혜택은 가난한 사람을 포함해 국민 모두가 누린답니다.

반대로 말라위에서는 사회의 모든 기반 시설이 무척 열악한 편입니다. 아이들의 교육부터 의료 시설이나 일상생활, 연금 등 모든 분야에서 자기 돈을 써야만 필요한 혜택을 누릴 수 있고, 심지어 많은 경우 돈이 있어도 원하는 서비스가 없답니다. 부자에 속한다고 하더라도 만일 아주 어려운 수술을 받아야 될 상황에 처하면 선진국까지 비행기를 타고 가야 합니다. 잘사는 나라와 못사는 나라의 차이는 이렇게 심각합니다.

마취제도 없는데 중세의 왕이 좋을까?

우리는 여러 나라를 비교할 수도 있지만 과거와 현재를 두고 비슷한 질문을 던질 수도 있지요. 예를 들어 중세의 왕이 좋을까요, 아니면 현대의 보통 사람이 좋을까요? 여러분 가운데 많은 사람은 왕을 선택하겠죠? 하지만 잘 생각해 보세요.

중세의 의료 수준은 정말 미흡해서 많은 사람들이 어른도 되기 전에 죽어 버렸어요. 아무리 왕이라도 예방 접종처럼 지금의 기준으로 보면 아주 기본적인 의료 혜택조차 누릴 수 없었거든요. 게다가 치과 치료 수준은 매우 열악해서 귀족 중에도 이빨이 없는 사람이 넘쳐 났습니다. 아프면 그냥 뽑아 버려야 했으니까요. 또 수술을 하더라도 마취제가 없어 엄청난 고통을 참아야 했지요. 이런 상황을 감안해도 여전히 중세의 왕이 되고 싶나요?

물론 인간은 사회적 동물이라 자기가 사는 사회에서 인정을 받으면 심리적으로는 기분이 좋지요. 중세의 왕이나 말라위의 부자들은 주변 사람들을 보면서 매일의 삶에서 자부심을 느낄 것입니다.

국제 무대를 탐구하면서 제기되는 중요한 질문 가운데 하나가 바로 이 빈부의 문제랍니다. 왜 어떤 나라는 발전했는데 다른 나라는 성장하지 못하는 걸까요? 답을 찾으려면 역사를 살펴봐야 합니다. 어떤 특징이 경제 발전에 도움을 주는 것인지, 어떤 요소가 부를 안겨 주는지 말이죠. 한국은 세계가 주목할 정도로 빠른 속도로 발전한 특수한 경우입니다. 따라서 우리 안에서 발전의 요인들을 생각해 보는 것은 좋은 출발점이라 할 수 있습니다.

4

유럽은 통합하는데 왜 동아시아는 대립할까?

앞서 국경 이야기에서 보았듯이 유럽은 이웃끼리 나라의 경계를 없앨 정도로 서로 친한 관계를 맺고 있답니다. 그런데 한국이 위치한 동아시아를 보면 가까이 있는 이웃끼리 가장 적대시하는 경향이 있습니다. 한국은 일본과 독도 문제로 으르렁거리고, 중국하고는 역사를 놓고 대립합니다.

한국과 일본은 같은 섬을 놓고 각각 독도와 다케시마(竹島)라고 부르며 서로 자기의 영토라고 주장합니다. 사실 독도가 있는 바다를 놓고도 한국은 동해, 일본은 일본해라고 부르고 있지요. 한국의 입장에서는 바로 백여 년 전 일본이 한반도 전체를 강점했던 식민 시기를 거쳤기 때문에 설령 아무리 작은 섬이라도 절대 물러설 수 없는 사안입니다.

나라와 나라 사이의 경계에 있는 섬의 지리적 명칭을 놓고 싸우는 일은 비단 한국과 일본만의 문제는 아닙니다. 중국과 일본은 제주도 남쪽의 같은 섬을 각각 댜오위와 센카쿠라고 부르며 충돌하고 있고, 더 적도 방향으로 내려가면 중국과 베트남, 필리핀, 인도네시아 등이 바다 위의 작은 섬들을 놓고 대립하고 있답니다.

서남아시아로 가면 이란과 아랍에미리트연합(UAE)이 같은 지형을 각각 페르시아만과 아라비아만으로 부른답니다. 만(灣)이란 바다가 육지 속으로 파고 들어와 있는 곳을 말합니다. 한국의 일부 언론은 이 지역을 걸프만이라고 부르기도 하는데 이것은 '역전앞'과 같은 동어 반복입니다. 영어로 걸프(Gulf)가 만이라는 뜻이거든요. 그러니 만만(灣灣) 하는 셈이죠.

한국과 중국 사이에는 역사를 두고 벌이는 다툼이 있습니다. 고대 동아시아의 고구려는 만주와 한반도를 발판으로 활동한 대국이었죠. 이후 중세의 고려라는 명칭이 잘 보여 주듯 한반도는 고구려를 역사적으로 계승한 지역입니다. 그런데 중국이 21세기 들어 갑자기 동북 공정이란 이름으로 고구려를 중국의 역사로 편입하려는 시도를 벌이고 있습니다.

역사를 두고 벌이는 다툼

중국은 왜 이런 무리한 시도를 하는 것일까요? 현대 중국은 한족(漢族)이 인구의 90% 이상을 차지하지만 나머지 10%는 55개의 소수 민족들입니다. 조선족도 그중 하나죠. 중국의 고민은 영토의 절반 정도가 원래 이들 소수 민족의 땅이라는 사실입니다. 소수 민족이 모두 독립을 하겠다고 나선다면 국토 절반이 사라질 위험이 있는 셈이죠. 그래서 아주 오래 전부터 이들 소수 민족이 중화 민족의 일부였다는 신화를 만드는 것이랍니다.

자, 그럼 다시 유럽으로 돌아가 어떻게 이런 민족 간의 대립을 해소했는지 살펴볼까요? 유럽은 적대적인 과거를 청산하고 1950년대부터 유럽 통합 운동을 시작해 현재는 유럽 연합이라는

27개국의 공동체를 만들었습니다. 작은 땅을 놓고 계속 싸우고 전쟁을 벌이는 것보다 양보를 통해 평화를 일구는 것이 더 득이 된다는 사실을 터득한 것이죠.

이 과정에서 중요한 사실은 강대국, 그리고 과거에 잘못을 저지른 나라가 먼저 양보를 한다는 원칙입니다. 독일은 제2차 세계 대전 이후 영토의 25%를 폴란드와 소련에 양보해야 했습니다. 1990년 동·서독이 통일하면서 유럽의 평화를 위해 이 영토 상실을 정식으로 인정했지요. 전쟁이란 그 자체로 많은 인명 피해와 경제적 손실을 초래할 뿐 아니라, 평화가 가져오는 번영도 포기해야 하는 이중적인 손실이 발생합니다.

역사 문제에 있어서도 독일은 과거를 반성하고 미래를 향해 이웃과 손잡고 나가자는 태도를 보였습니다. 독일의 빌리 브란트 총리가 1970년 폴란드에 가서 무릎을 꿇고 전쟁에 대해 참회하는 모습은 참 인상적이죠. 긴 역사에 대한 연구를 여러 나라 학자들이 공동으로 진행하는 방식도 유럽의 공동체가 성공을 거두게 한 접근법입니다.

중국의 소수 민족 중국은 다민족 국가인데, 소수 민족으로 장족, 만주족, 후이족, 먀오족, 위구르족, 몽골족, 조선족 등이 있다. 소수 민족들이 사는 지역은 가스와 석탄, 삼림, 수력 자원 등이 풍부하다. 또 이 지역은 러시아, 파키스탄, 인도, 북한 등 많은 국가들과 이웃하고 있어 전략적으로도 아주 중요하다.

이처럼 서로 열린 마음으로 협력하고 필요하면 양보하는 태도가 유럽의 통합과 평화를 가져다주었답니다. 동아시아에서도 한국과 일본, 한국과 중국이 서로 돕고 이해하는 마음으로 미래를 만들어 간다면 얼마나 좋을까요. 솔직히 천오백 년 전 고구려로 가서 사람들에게 "당신은 한국인이요, 중국인이요?"라고 묻는다면 두 눈을 크게 뜨고 "나는 고구려인이요!"라는 우문현답(愚問賢答)을 하지 않을까요.

5

1차 대전 종전 조약이 베르사유 궁에서 체결된 이유는?

프랑스 파리 근교에 있는 베르사유 궁이라고 들어 봤나요? 유럽에서 가장 웅장하고 화려한 왕궁으로 널리 알려져 있는 곳입니다. 그런데 왜 하필 그곳에서 인류 역사상 가장 참혹했던 제1차 세계 대전을 종결하는 조약을 맺게 된 것일까요?

제1차 세계 대전은 말 그대로 한 지역이 아니라 전 세계를 무대로 전쟁을 벌인 비극이었습니다. 이 전쟁의 출발점은 유럽이었고 특히 프랑스와 독일의 적대적 관계가 원인이었습니다. 프랑스를 중심으로 영국, 러시아 등이 연합했고, 독일과 함께 오스트리아-헝가리 제국, 오토만 제국 등이 동맹을 맺어 두 세력이 충돌을 했던 것입니다. 1914년부터 1918년까지 전쟁이 지속되는 동안 유럽 밖의 미국이나 일본, 중국 등이 합세하면서 전쟁은 세계 대전으로 확산됐습니다.

프랑스와 독일이 서로 앙숙이 된 것은 제1차 세계 대전이 일어나기 40여 년 전으로 거슬러 올라갑니다. 1870~1871년에는 프로이센-프랑스 전쟁, 즉 프로이센과 프랑스 사이에 전쟁이 있었습니다. 한국에서는 유럽의 여러 국가들이 아주 오래 전부터 존재해 왔다고 오해를 하지만 독일이라는 나라가 만들어진 것은 불과 150여 년 전 프로이센-프랑스 전쟁을 통해서랍니다.

그때까지 게르만 민족은 수백 개의 작은 나라로 분열되어 있었죠. 그중 제일 강한 나라가 프로이센이었는데 프랑스와 전쟁을 벌이면서 작은 나라들을 하나로 묶어 통일을 이끌었던 것입니다. 프로이센과 프랑스의 전쟁은 말하자면 독일이라는 나라를 탄생시킨 전쟁인 셈입니다. 당시 독일의 수상 비스마르크는 이 전쟁을 승리로 이끌어 프랑스 파리까지 진격한 다음 베르사유 궁에서 독일 제국의 탄생을 선포했습니다.

전쟁의 승리와 민족의 통일, 새로운 제국의 탄생을 유럽에서 제일 유명한 궁전의 가장 사치스런 '유리의 방'을 장소로 택해 세상에 알린 것이죠. 독일 민족에게 가장 영광스런 이 사건이 프랑스 민족에게는 제일 수치스런 패배의 기억으로 남았답니다. 프랑스는 수십 년 동안 절치부심(切齒腐心)하면서 복수의 기회를 노렸습니다. 민족 간의 다툼이란 이처럼 한쪽의 영광이 다른 쪽에게는 수치가 되는 일이 다반사랍니다.

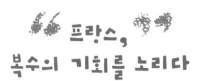

프랑스, 복수의 기회를 노리다

국제 정치학에서는 이런 현상을 영합 게임 또는 제로섬(zero-sum) 게임이라고 부르죠. 어려운 용어처럼 들리지만 사실은 간단한 원리입니다. 한쪽의 이득이 다른 쪽에게는 손해라는 말입니다. 합치면 0이 된다는 의미지요.

국제 정치뿐 아니라 우리의 일상생활에서도 영합 게임의 아이디어를 적용할 수 있습니다. 친구들끼리 서로 경쟁하고 싸우면 결국 한 사람의 승리가 다른 사람의 패배라는 결과를 낳지요. 하지만 함께 협력하면 둘 다에게 이득이 되는 결과를 얻을 수 있습니다.

불행히도 1차 세계 대전에서 이긴 프랑스는 독일을 베르사유 궁에 불러다 온갖 모욕을 주며 복수를 하고 말았습니다. 전쟁의 책임을 독일에게 전부 씌우면서 전쟁의 피해를 모두 보상하라는 무거운 경제적 부담을 안긴 겁니다. 독일의 영광과 프랑스의 수치가 이번에는 프랑스의 환호와 독일의 모욕으로 돌변했죠. 이 무자비한 베르사유 조약은 20여 년 뒤 제2차 세계 대전(1939~45년)이라는 비극적인 역사를 반복하는 원인이 됩니다. 히틀러가 독일 민족의 복수심을 자극해 전쟁을 일으켰기 때문입니다.

이처럼 프랑스와 독일은 1870년부터 1944년까지 70여 년 동안 세 차례나 커다란 전쟁을 치렀습니다. 그중 두 번은 세계 전쟁으로 확산될 정도로 심각했지요. 할아버지, 아버지, 아들에 걸쳐 세 세대가 모두 전쟁에서 목숨을 잃거나 부상을 당하는 경우도 적지 않았습니다. 그러고는 반성했죠. 이웃 나라끼리 손을 맞잡고 평화로운 미래로 나가자고 말입니다. 유럽 통합 운동은 이런 반성의 결과랍니다. 가장 비참한 전쟁의 반복이 미래 지향적 평화의 소중함을 깨닫게 한 셈입니다.

2장

세계는
약육강식의
정글?

6

LA에 한국 사람도 많은데 뉴서울이라 불러 볼까?

세계 지도에 나오는 지명을 보면서 기원을 따져 보면 무척 재미있답니다. 미국의 최대 도시인 뉴욕은 영어로 New York라고 하지요. 요크는 원래 영국 북부의 도시랍니다. 미국이 영국의 식민지였기 때문에 영국 사람들이 '새로운 요크'라는 이름을 붙인 것이죠. 그렇다면 한국인이 많은 미국 도시 로스앤젤레스(LA)를 뉴서울이라 부를 수 있을까요?

역사를 조금 더 파헤쳐 보면 재미난 이야기들이 잔뜩 들어 있답니다. 뉴욕이 있는 지역은 원래 인디언들의 땅이었죠. 예를 들어 뉴욕의 중심에 있는 맨해튼은 인디언 언어에서 유래한 말입니다.

영국인보다 먼저 맨해튼에 와서 자리를 잡은 것은 17세기 세계 곳곳에 식민지를 경영하던 네덜란드 사람들이었습니다. 당시 네덜란드의 제일 큰 도시는 암스테르담이었어요. 그래서 맨해튼에 만든 도시를 뉴암스테르담이라고 불렀죠. 영국은 북아메리카에서 세력을 확장하면서 1664년 뉴암스테르담을 차지하게 되었고 뉴요크라는 영국식 이름을 붙였습니다. 영국 왕족이었던 요크 공작의 이름을 빌려서 말입니다.

여러분은 뉴질랜드라는 나라를 알고 있죠? 여기서 질랜드(Zealand)는 원래 네덜란드의 한 지방 이름입니다. 그런데 지구 반대편에 있는 섬을 발견한 영국인이 새로운(New) 질랜드라고 이름 붙인 것이죠. 지명은 네덜란드에서 따오고, 식민지화는 영국인들이 했던 것입니다. 세계 지도에서 '뉴'가 붙은 지명을 찾아 어디서 왔는지 조사해 보면 유럽이 대부분입니다. 뉴올리언스, 뉴사우스 웨일스, 뉴멕시코 등 많지요. 유럽 사람들은 15세기부터 범선을 타고 세계를 누비며 탐사하는 것은 물론 무력으로 식민지를 만들며 지배했기 때문입니다.

일례로 아메리카라는 명칭은 이탈리아 출신의 탐험가 아메리고 베스푸치라는 사람의 이름에서 딴 것입니다. 세계 대륙이나 대양의 이름을 지어 붙인 것도 유럽인입니다. 유럽, 아시아, 아프리카 등은 고대 그리스의 명칭을 그대로 이어 받았고 대서양, 인도양, 태평양도 15~16세기 유럽의 대항해 시대에 정해진 이름입니다.

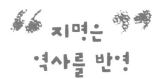

지명은 역사를 반영

지구촌의 많은 지명이 유럽식 호칭을 따르는 것은 유럽의 세계 지배 역사를 반영하는 셈입니다. 이런 역사를 부정하면서 우리가 마음대로 LA를 뉴서울이라고 고쳐 부를 수도 있습니다. 하지만 지도에 자신이 원하는 이름을 붙인다 해도 세계 사람들이 따라 주지 않으면 정식 명칭이 되지는 못하겠죠.

이처럼 지도를 가득 메우는 지명은 역사를 반영하고 또 이 역사를 세계가 암묵적으로 수용한다는 뜻입니다. 한반도 주변의 바다 이름을 정한 것도 유럽입니다. 우리의 동해를 일본해로, 그리고 서해를 중국해로 이름 지었죠. 하지만 한반도를 중심으로 정한 동서의 개념으로 세계를 설득하기는 무척 어려운 일입니다. 한반도가 세계의 중심이라고 세계인이 모두 인정하기 전에는 말입니다.

동아시아뿐 아니라 전 세계에 명칭을 둘러싼 분쟁은 많이 있습니다. 대표적으로 프랑스와 영국 사이에 있는 해협(海峽)의 명칭이 있지요. 프랑스 사람들은 자국 도시 이름을 붙여 칼레 해협(Pas de Calais)이라 부르고, 영국 사람들은 도버 해협(Strait of Dover)이라고 부른답니다. 한국 사람들은 영어 명칭을 주로 사용하나 네덜란드에서는 칼레 해협(Nauw van Calais)이 정식 명칭입니다.

아주 오랜 옛날부터 사물에 이름을 붙이는 일은 매우 중대한 사안이었습니다. 명칭이란 역사를 반영하고 힘의 관계를 표현하기 때문입니다. 또 사람들의 호응도 얻어야 하는 일입니다. 같은 한반도를 두고 대한민국에서는 남한/북한이라 표현하고 북쪽에서는 북조선/남조선이라 부르죠. 남북이 대립하는 상황이라 코리아라는 영어 표기만 양측이 합의해서 사용하고 있습니다.

각자 한국이나 조선을 고집하면서 상대가 양보하지 않기 때문에 고려와 같은 제3의 해결책을 찾아보기도 합니다. 서로 자존

심을 걸고 물러나기를 거부하는 영합(零合) 게임을 그만두고 합의할 수 있는 해결책을 찾는 것은 국제 사회에서 현명한 태도라 할 수 있습니다. 양자 모두 얻어 가는 윈-윈(Win-Win)의 게임을 만들자는 것이죠.

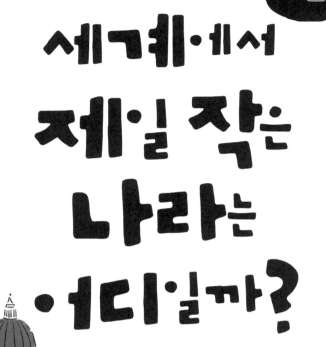

세계에서 제일 작은 나라는 어디일까?

세계에서 영토가 제일 큰 나라가 러시아라는 사실은 잘 알려져 있습니다. 반대로 영토가 제일 작은 나라는 어디일까요? 지도를 보고 커다란 나라를 찾아 비교하기는 쉽지만 작은 나라들은 찾아내기조차 어렵습니다. 인터넷 검색이 도움이 되겠지요?

세계에서 영토가 제일 작은 나라는 바티칸으로 알려져 있습니다. 면적이 $0.44km^2$인데 이는 정사각형으로 본다면 변이 600미터 정도에 불과합니다. 단숨에 이 국경에서 저 국경으로 달려갈 정도의 거리에 불과하죠. 서울에서 면적이 제일 작은 중구가 $9.96km^2$이니 바티칸이라는 나라가 얼마나 작은지 알겠죠?

약육강식이 지배한다는 국제 사회에서 바티칸처럼 작은 나라가 어떻게 생존할 수 있을까요? 바티칸은 바로 세계 가톨릭교회의 중심으로 교황이 통치하고 있는 나라랍니다. 예전에는 더 넓은 땅을 차지하고 있었는데 이탈리아라는 나라가 만들어지면서 면적이 점차 축소되었지요.

지금은 이탈리아의 수도 로마의 중심에 공원처럼 한 구석을 차지하고 있는 모양새입니다. 힘으로 밀어붙인다면 이탈리아가 바티칸을 흡수할 수도 있겠지만 전 세계 가톨릭 신자들이 우러러보는 교회의 중심을 마구 다루는 것은 곤란하겠죠? 게다가 이탈리아는 가톨릭 신자가 80%를 넘는 수준입니다.

유럽에는 바티칸 말고도 도시처럼 작은 나라들이 꽤 많이 있답니다. 알프스 산맥이 있는 스위스와 오스트리아 사이에는 리히텐슈타인, 지중해 연안에는 모나코, 이탈리아 아드리아 해 연안에는 산마리노, 그리고 지중해 섬인 몰타를 꼽을 수 있습니다.

몰타의 면적은 316㎢로 서울(605㎢)보다 작고 인구도 51만 명에 불과합니다. 그래도 국제 사회에서 온당한 나라로 인정받고 실제 유럽 연합 27개 회원국 가운데 하나입니다. 유럽 연합 정상회의가 열리면 훨씬 대국(大國)인 프랑스나 독일과 대등하게 회의 테이블의 한쪽을 차지하지요.

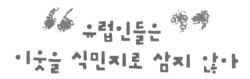

유럽인들은 이웃을 식민지로 삼지 않아

16세기부터 20세기까지 유럽은 전 세계를 누비며 무력으로 식민 제국을 건설했는데, 막상 유럽 내에서는 어떻게 이처럼 작은 나라들이 존재할 수 있는 것일까요? 그 이유는 유럽인들이 이웃을 식민지로 삼는 일이 드물었다는 사실에서 찾을 수 있습니다.

유럽 사람들은 자기들끼리는 하나의 문명권을 이룬다는 생각이 있었습니다. 서로 전쟁을 하더라도 상대국을 완전히 흡수해 버리거나 식민지로 만드는 일은 매우 드물었죠. 하지만 유럽 밖에서는 다른 나라를 마음껏 침략하고 또 지배해도 된다고 생각했던 것입니다.

여러분은 알래스카라는 지역에 대해서 들어 보았죠? 북극에 가까운 이 지역에는 원래 에스키모 인디언들이 살았습니다. 그런데 17세기 중반부터 시베리아를 지배하던 러시아가 18세기 후반에는 알래스카까지 러시아령으로 만들었습니다. 그러다 1867년에는 알래스카를 720만 달러에 미국에 팔아넘겼습니다. 당시에는 그냥 얼음 땅이었지만 지금은 미국에서 면적이 가장 큰 주이자 석유를 생산하는 지역이 되었습니다.

이렇듯 역사를 돌아보면 국제 사회는 '약육강식의 정글의 법칙'이 지배한다는 말은 조심스럽게 사용해야 합니다. 유럽 대륙에 수많은 작은 나라들이 생존한 것은 정글의 법칙이 아니라 나름의 원칙과 규칙이 존재했다는 증거가 됩니다. 유럽의 제국주의 세력들이 세계 다른 지역에 가서는 막무가내로 행동한 것은 정글의 법칙을 떠올리는 행태지요. 하지만 20세기에 대부분의 식민지들이 해방을 맞아 독립하면서 세상이 많이 달라졌답니다.

이제 다른 민족을 힘으로 지배하거나 영토를 빼앗는 일은 예전처럼 쉽지 않습니다. 국제 사회가 두 눈을 부릅뜨고 감시하고 있기 때문이죠. 물론 같은 나라 안에 여러 민족이 공존할 경우 지배하고 탄압받는 문제는 여전히 존재합니다. 예를 들어 중국은 신장 지역의 위구르 민족을 비인도적으로 억압하면서 식민지가 아니라 국내 문제라고 주장하거든요.

최근의 세계사를 보면 두 가지 경향이 있습니다. 하나는 분열

된 나라가 합쳐서 통일하는 경향입니다. 1975년에는 베트남, 그리고 1990년에 독일이 통일에 성공했고 한반도는 통일을 희망하는 상황입니다. 반대로 한 나라가 여럿으로 분리되기도 합니다. 체코슬로바키아의 경우 1993년 체코와 슬로바키아 두 나라가 되었습니다. 현재 스코틀랜드는 영국에서, 그리고 카탈루냐는 스페인에서 각각 독립운동을 벌이고 있습니다.

8

유럽 사람들이 전쟁을 잘했던 이유는 ?

지금부터 100여 년 전 20세기 초 세계 지도를 찾아보세요. 지도가 온통 유럽 제국이 차지한 거대한 영토로 가득 차 있지요. 15세기부터 유럽은 무력으로 거대한 제국을 만들었습니다. 그렇다면 유럽이 전쟁을 하는 능력이 다른 나라보다 뛰어났던 이유는 무엇일까요?

여기에 대한 해답을 찾기 전에 우선 여러분, 운동선수가 보통 사람보다 운동을 잘하는 이유는 무엇일까요? 그리고 가수가 노래를 잘 부르는 이유는 또 무엇일까요? 사람마다 능력의 차이는 있을 수 있지만 무엇보다 남들보다 운동을 잘하고, 노래를 잘 부르려면 연습을 많이 해야 할 것입니다. 그리고 연습으로 다진 실력을 시합이나 대회에서 발휘하는 경험도 많아야겠지요.

불행한 이야기이지만 전쟁도 마찬가지입니다. 전쟁 준비를 많이 한 나라일수록, 그리고 전쟁의 경험이 많은 나라일수록 뛰어난 전투력을 갖게 된답니다. 또 전투력이 뛰어나더라도 무기가 좋은 나라를 이기기는 어렵습니다. 하지만 무기가 하늘에서 떨어지나요? 무기 개발에 돈을 들이고, 투자를 해야 파괴적인 무기를 만들 수 있는 것이죠.

우리는 한반도의 역사를 보면서 전쟁이 많았다고 생각합니다. 지난 500여 년 동안 조선 시대만 보더라도 크게는 임진왜란과 병자호란이 있었고 조선 말에는 한반도를 차지하기 위해 외세들이 한반도를 무대로 청일 전쟁, 러일 전쟁을 벌였습니다. 또 대한

민국 수립 후에도 한국 전쟁이 있었습니다. 하지만 이 모든 전쟁 시기는 예외적인 상황이었고, 평화로운 시기가 대부분을 차지했답니다.

유럽은 천 년 넘게 전쟁이 그치지 않았어

반면 유럽의 역사를 보면 중세부터 20세기 중반까지 천 년이 넘게 곳곳에서 전쟁이 그치지 않았습니다. 예를 들어 중세의 백년 전쟁이라고 들어 봤지요? 1337년에서 1453년에 걸쳐, 영국과 프랑스가 무려 백여 년 동안이나 전쟁을 계속했던 것입니다. 이처럼 항상 전쟁을 치르다 보니 어떡하면 상대보다 우수한 무기를 가질 수 있을까, 전쟁에서 승리를 거둘 수 있을까를 고민하게 되었답니다.

화약을 처음으로 발견한 것은 중국이었습니다. 중국 사람들은 화약을 활용해 불꽃놀이를 하고 폭죽을 터뜨렸지요. 하지만 화약이 유럽에 전해지면서 유럽 사람들은 전쟁에 화약을 사용하는 법을 연구했고, 결국 총과 대포를 대량으로 만들어 근대적인 전쟁의 무기로 활용하게 되었습니다.

15~16세기부터 유럽이 세계에 진출하여 제국을 만들 수 있었던 것은 대포를 잔뜩 장착한 범선이 큰 역할을 해 주었기 때문

입니다. 바다로 지구 건너편까지 이동하여 대포로 상대방을 공격하고, 잘 훈련된 군인들을 상륙시켜 침공하는 상황에 맞서 저항할 수 있는 나라가 많지 않았던 것입니다.

마침내 유럽 사람들은 자기들끼리 전쟁을 하는 것보다 외부로 눈을 돌려 취약한 나라와 민족을 상대로 침략을 하는 것이 훨씬 쉽다는 사실을 깨닫게 되었죠. 게다가 먼 나라에 침략 전쟁을 일으키는 것은 같은 기독교도를 상대로 벌이는 전쟁이 아니어서 마음도 편했습니다. 유럽 사람들은 이교도를 상대로 벌이는 전쟁에서는 최소한의 규칙도 없이 마구잡이로 침략하고 짓밟았답니다.

우리 동아시아의 역사를 이해하려면 안중근의 『동양 평화론』이라는 책을 한번 읽어 보세요. 옛날 말투지만 비교적 짧은 글이고 읽기도 그리 어렵지 않습니다. 이 책에서 안중근은 동양의 평화적인 문명과 서양의 야만적이고 호전적인 태도를 대조시킵니다. 『동양 평화론』의 핵심은 한국, 중국, 일본 등이 힘을 합쳐 서양에 대항하여 평화로운 지역을 만들고 함께 번영하자는 주장입니다.

일본이 제일 앞장서 근대화에 성공하는 것을 보면서 안중근은 일본이 동양의 대표로 서양에 대항하면서 동양 문명을 보호할 것으로 기대했습니다. 하지만 일본은 오히려 서양의 호전적 세력과 마찬가지로 돌변하여 야만적으로 주변 국가들을 침공했습니다. 안중근이 항일의 길에 나설 수밖에 없었던 이유죠.

물론 우리가 사는 21세기에는 예전처럼 다른 나라를 식민지로 삼아 제국을 만드는 일은 드물고, 또 그런 행태는 도덕적 비난의 대상이 되었습니다. 과거에 비하면 전쟁도 많이 줄어든 편이죠. 하지만 지금의 우리 시대가 어떤 과정을 거쳐 만들어졌는지를 잘 이해하는 일은 매우 중요합니다. 20세기 전반기 제1차 세계 대전과 제2차 세계 대전이라는 엄청난 전쟁의 소용돌이를 겪고 나서 인류는 어떻게 전쟁의 위험을 줄일 수 있었을까요?

9

'차가운 불'이 존재할 수 있을까?

불은 뜨거운 것이 정상이죠? 따라서 '차가운 불'은 말이 안 된다고 생각하는 것이 당연합니다. 이런 표현을 한국에서는 모순 어법이라고 하고 영어로는 옥시모론(Oxymoron)이라고 부릅니다. '착한 악마', '똑똑한 바보' 등 여러분도 모순 어법의 표현을 한번 만들어 보세요.

사람들은 왜 모순 어법을 사용할까요? 얼핏 보면 말이 안 되는 것 같지만 곰곰이 생각해 보면 애매모호하거나 복잡한 사실을 표현할 때 모순 어법이 도움이 되는 경우가 있답니다.

악마는 일반적으로 나쁜 짓을 하지만 그중에는 예외적으로 착한 행동을 보이는 악마도 있을 수 있겠죠. 또 평소에 나쁜 짓을 하는 악마가 어느 순간에는 착한 일을 할 수도 있어요. '똑똑한 바보'도 마찬가지입니다. 폼 잡고 혼자 똑똑한 척은 다 하지만 말하는 내용을 자세히 분석해 보면 바보 같은 경우가 있습니다. 형식과 내용이 따로 노는 식이지요.

세계 역사를 이야기할 때 '냉전'이라는 표현은 국제 정치에서 사용하는 대표적인 모순 어법이라 할 수 있습니다. 흔히 전쟁이라고 하면 총을 쏘고 폭탄을 터뜨려 상대방을 공격하고 도시를 불태워 버리는 등 뜨거운 불을 연상시킵니다. 냉전은 영어로는 콜드워(Cold War)라고 하는데 '차가운 전쟁'이라는 뜻입니다. 왜 사람들은 이런 이상한 표현을 사용했을까요?

1945년 제2차 세계 대전은 미국, 소련, 영국, 프랑스 등 연합국의 승리와 독일, 이탈리아, 일본 등 동맹국의 패배로 끝났습니다. 나치 독일이나 군국주의 일본에 대항하는 과정에서 미국과 소련이 손을 맞잡은 연합국이었던 것이죠. 그런데 큰 전쟁에서 승리하자 이 둘 사이에는 경쟁과 대립이 싹트기 시작했습니다.

미국은 자본주의 시장 경제를 내세워 세계를 주도하려 했고, 소련은 공산주의 계획 경제를 통해 세계를 통합하려 했기 때문입니다. 운동회를 할 때 청군과 백군을 나누듯 미국과 소련은 세계를 양분하여 서로 대립하기를 수십 년 동안 지속했답니다. 한반도는 대표적으로 미국 편의 남측과 소련 편의 북측이 대립하는 장이되었습니다.

한국 전쟁은 1950년부터 3년 동안 남북의 맹렬한 충돌을 가져왔고 미국과 중국이 개입하여 커다란 전쟁으로 비화되었습니다. 미국을 비롯한 국제 연합군은 남측을 지원했고, 공산주의 이념을 공유했던 중국은 북한을 도왔던 것입니다. 만일 소련이 직접 전쟁에 참여했더라면 제3차 세계 대전으로 갈 수도 있었던 순간입니다.

미국과 소련은 서로를 적대시하면서 세계를 지배하려고 경쟁했지만 직접 전쟁을 치르지는 않았다는 점에서 특별한 경쟁 관계였답니다. 1940년대 후반부터 1990년까지의 국제 질서를 냉전이라고 부르는 이유죠. 한국인의 입장에서 한국 전쟁은 너무나 가혹한 '열전'이었지만 미국이나 소련의 관점에서는 냉전의 한 부분이라고 볼 수 있었습니다. 미국의 뉴욕이나 소련의 모스크바는 평화를 누리며 일상을 유지할 수 있었으니까요.

전면전을 막은 무기의 발전

그렇다면 이 두 강대국은 왜 서로 직접 전쟁을 하지 않고 다른 나라를 통해 치르는 대리전이나 지역전만 벌인 것일까요? 역설적이게도 무기의 발전이 전면전을 방지하는 데 큰 역할을 했습니다. 대표적인 예가 제2차 세계 대전 중에 미국이 핵무기를 개발하여 일본을 상대로 사용한 일입니다. 1945년 미국은 히로시마와 나가사키에 원자 폭탄을 투하함으로써 일본의 항복을 얻어 내고 전쟁을 종결할 수 있었습니다.

소련도 미국에 질세라 핵무기 개발에 박차를 가해 1949년에는 자체적으로 핵무기를 만드는 데 성공했습니다. 상대방을 잿더미로 파멸시킬 수 있는 무기를 두 강대국이 모두 갖게 됨으로써 전쟁으로 인한 위험이 너무 커졌죠. 한쪽이 핵 공격을 하더라도 다른 쪽의 핵무기를 완전히 파괴하지 못한다면 자신도 결국 반격을 받아 심각한 피해를 받을 수 있는 상황이었습니다. 영어로 미쳤다는 의미의 MAD라는 단어가 있죠? 그런데 이 글자는 '확실한 상호 파괴'(Mutually Assured Destruction)라는 말의 약자가 되기도 합니다. 해석해 보자면 확실하게 서로를 파괴할 수 있으니 전쟁을 벌이는 것은 미친 짓이라는 겁니다.

강력한 무기를 만드는 기술이 계속 발전하다 보니 오히려 전쟁을 방지하고 평화를 가져오는 뜻밖의 결과를 낳은 셈이죠. 문제는 핵무기의 파괴력이 너무 강해 만에 하나 핵전쟁이 벌어지면 지구와 인류의 멸망을 가져올 수도 있다는 점입니다. 전 세계의 핵무기를 모두 없애야 한다는 평화주의 운동이 생긴 이유죠.

10

아프리카의 국경선은 왜 직선이 많을까?

세계 지도를 자세히 살펴보면 흥미로운 발견을 할 수 있습니다. 아프리카 지도에 나타나는 국경선을 한번 잘 들여다보세요. 마치 자로 그린 듯한 직선 국경선을 많이 발견할 수 있을 것입니다. 왜 아프리카에는 직선 국경선이 다른 대륙에 비해서 특별히 많을까요?

한반도도 1945년 일본으로부터 해방된 직후 아프리카와 유사한 직선 국경선을 경험한 적이 있답니다. 미국과 소련이 일본으로부터 한반도를 넘겨받아 위도 38선을 경계로 남과 북으로 양분해서 점령하기로 결정했기 때문이죠. 지도에 자를 대고 선을 그은 듯 한반도는 두 동강 나고 말았습니다. 1950년 한국 전쟁이 일어날 때까지 한반도는 38선을 국경으로 남한과 북한이 대립하는 상황이었습니다.

아프리카의 직선 국경도 한반도의 사정과 크게 다르지 않습니다. 아프리카는 19세기 후반 유럽의 강대국들이 경쟁적으로 침략해 들어가면서 대륙 전체가 식민지로 돌변하는 아픈 경험을 하였습니다. 특히 1884년부터 1885년까지 독일 제국의 수도 베를린에서 열린 국제회의는 유럽이 아프리카를 분할하는 회의였습니다.

한반도를 양분할 때 한국의 대표가 없었듯이 아프리카 분할 회의에도 아프리카 대표는 한 명도 없었습니다. 오로지 유럽의 강대국들만이 모여 마치 케이크를 자르듯 아프리카 지도에 자를 대고 선을 그으며 각자의 식민지를 차지했던 것입니다.

나라와 나라 사이에 경계가 만들어지는 방법은 여러 가지인데 크게 두 종류로 나눌 수 있습니다. 하나는 자연이 제공하는 경계를 그대로 이용하는 방법이지요. 바다는 나라를 가르는 중요한 기준으로 작용했고, 강도 물줄기를 따라 쉽게 눈에 띄는 경계를 제공했답니다. 우리 한반도만 보더라도 일본하고는 대한 해협이 두 나라를 구분하고, 중국과는 압록강과 두만강이 경계를 짓고 있습니다.

산맥이나 사막처럼 사람이 살기 어려운 지형이 국경을 형성하는 경우도 많이 있었습니다. 유럽의 프랑스와 이탈리아 사이에는 알프스 산맥이 있고, 프랑스와 스페인 사이에는 피레네 산맥이 있습니다. 물론 산은 바다나 강보다는 좀 애매한 구석이 있죠. 프랑스와 이탈리아 사이의 알프스 산맥에는 스위스라는 나라가 아예 자리 잡고 있으니까요.

그래서 경계 그리기의 또 다른 방법은 사람을 중심으로 국경을 만드는 것입니다. 비슷한 언어와 관습을 가진 사람들이 모여

아프리카 직선 국경선 1884년 베를린에 유럽 12개국과 미국, 오스만 투르크 등 14개국이 모여 아프리카의 주요 지역에 경계선을 그어 식민지 분할을 확정하였다. 원주민들의 인종과 문화 등을 무시하고 자신들의 이익에 따라 멋대로 분할선을 설정하여 현재까지 아프리카에는 빈곤과 부패, 참혹한 전쟁이 이어지고 있다.

사는 지역에 따라 국경을 정하는 방식입니다. 체코슬로바키아라는 나라가 1993년 체코와 슬로바키아로 분할할 때 이런 방식을 택했고, 유고슬라비아가 1990년대 슬로베니아, 크로아티아, 세르비아 등 여러 국가로 분할 독립할 때도 같은 방식을 택했답니다. 하지만 여러 민족이 한 도시에 섞여 살 경우 그 지역을 어느 나라의 영토에 귀속시키느냐에 따라 쉽게 해결할 수 없는 문제가 제기되곤 했지요. 다른 민족을 무력으로 말살하거나 몰아내는 인종 청소와 내전이 발생했던 이유랍니다.

인위적 국경선 때문에 전쟁이 계속 일어나

다시 아프리카 주제로 돌아올까요. 여러분은 "국경이 직선이면 뭐가 문제지? 지리 공부하기도 쉽고 좋은데."라고 생각할지도 모르겠습니다. 아프리카에는 800여 개에 달하는 민족 또는 종족이 존재하는데 독립한 나라는 50여 개 정도입니다. 한 나라에 여러 집단이 공존해야 하는 것은 물론, 한 민족이나 종족이 두서너 개의 여러 국가로 분산된 경우가 무척 많지요. 1950~70년대 아프리카 대부분의 국가가 독립하면서 식민지 시대의 국경을 그대로 이어받은 결과입니다.

이는 아프리카에서 국가 간의 국경 분쟁이 특별히 많고, 새롭게 분리 독립을 하겠다고 전쟁을 일으키는 경우가 빈번한 이유가 되기도 합니다. 한 나라에 여러 민족이 공존하는데 특정 민족이 권력을 잡으면 국가 기관을 장악하면서 다른 민족을 탄압하기 때문이죠. 그러면 탄압받는 민족은 무력 봉기에 나서 내전을 일으키거나 따로 독립을 추진하곤 합니다.

특히 프랑스와 영국 등 과거 식민 세력들은 현지 민족의 갈등을 조장하거나 심화시켰고 아직도 아프리카에서 자신들의 영향력을 미치려 하고 있습니다. 냉전 시기에는 미국과 소련이 아프리카를 자신의 세력 아래 두기 위해 경쟁을 벌였지요. 21세기에는 중국이 자원 확보를 위해 아프리카에 적극적으로 진출하면서 외세의 경쟁이 더 치열해지는 상황입니다.

세계 정부를 만들면 어떨까?

세계에는 200개에 가까운 국가가 있습니다. 굉장히 많은 숫자지요? 이렇듯 국가가 많다 보니 분쟁도 많이 생기고, 상황이 악화되면 전쟁으로 치닫는 경우가 발생합니다. 그렇다면 지구촌의 수많은 국가와 정부를 하나로 합쳐서 세계정부를 만들면 전쟁도 방지하고 좋은 정책도 효율적으로 펼 수 있지 않을까요?

아마 세상에서 가장 어려운 일 가운데 하나가 새로운 국가와 정부를 만드는 일일 것입니다. 우리 한반도만 보더라도 한민족이 하나의 국가와 정부를 구성하는 것은 남과 북의 많은 사람들이 품고 있는 희망이자 꿈이지요. 하지만 막상 이 일을 추진하려면 현재 존재하는 남과 북의 두 국가와 정부가 결국에는 사라져야 한답니다.

세계 정부의 구성도 마찬가지겠지요. 두 개의 정부를 합치는 일도 어려운데 200개의 국가와 정부를 합하는 일은 얼마나 더 어려울까요. "용의 꼬리보다 뱀의 머리가 낫다"라는 생각을 200개 정부의 모든 대통령과 장관과 공무원들이 할 수 있습니다. 게다가 새로운 세계 정부가 만들어지면 자신들이 어떤 역할을 할지 불확실하니 대부분 원치 않을 게 뻔합니다.

당연히 지구촌이 하나의 국가가 된다는 것은 현실적으로 추진되기 어렵습니다. 하지만 적어도 꿈은 꿀 수 있지 않을까요? 우리가 한반도의 통일 국가를 꿈꾸듯이 말입니다. 17세기 영국의 사상가 토머스 홉스는 우리가 왜 정부를 필요로 하는가에 대해서 곰

곰이 고민했습니다. 그는 정부가 없는 상황에 대해 생각해 보았죠. 정부가 없고 따라서 경찰도 법원도 감옥도 없다면 사람들은 서로를 공격하고 약탈하는 혼란스런 상태가 될 것으로 보았습니다. 홉스는 이것을 '만인의 만인에 대한 투쟁'이라고 표현했지요.

이렇게 서로 투쟁하는 혼란의 상태에서 벗어날 수 있는 것은 강한 힘을 가진 정부가 질서를 세울 때 가능합니다. 사람들 사이에 존재하는 투쟁을 종결시키려는 정부는 더 큰 힘과 폭력을 가져야 하겠지요? 이 막강한 힘의 정부를 홉스는 '리바이어던', 즉 성경에 등장하는 엄청난 괴물에 비유했답니다.

동네에서 어린이들을 괴롭히는 깡패가 있습니다. 그러나 도시를 지배하는 조직폭력배들이 나타나면 깡패는 조용해지기 마련이죠. 조폭이 숫자도 많고 힘도 세니까요. 그러나 조폭도 경찰이 등장하면 잠잠해집니다. 전국에 경찰의 수는 엄청나고 경찰 뒤에는 군대도 있으니까요. '리바이어던'과 같은 강한 국가가 나타나면 작은 폭력들이 숨을 죽이고 점차 사라지는 논리랍니다.

각각의 나라에서 정부가 하는 일은 혼란과 폭력을 없애고 질서를 세우는 일이죠. 말하자면 만인이 만인을 대상으로 싸우는 투쟁 상태를 종결시키고 평화를 가져오는 역할입니다. 한 나라에서 정부가 할 수 있는 일이라면 세계 차원에서도 세계 정부를 세우면 가능한 일이 되는 것이죠. 분쟁이 일어나면 세계 정부가 개입해서 해결하고 필요하면 세계의 군대를 파견해서 질서를 바로 세우면

되니까요.

새로운 패권국 중국의 등장

학자들은 홉스에 이어 이 문제에 대해 심각하게 고민을 했습니다. 해결책은 두 방향으로 볼 수 있어요. 하나는 정말 세계 정부를 세우는 일입니다. 예를 들어 18세기 독일의 철학자 칸트는 1795년『영원한 평화를 위하여』라는 책을 통해 세계 차원의 연합을 주장했습니다.

다른 하나의 해결책은 강한 국가가 마치 세계 정부처럼 기능하는 방법입니다. 국제 정치학에서는 패권이라고 부르는데 냉전 시대 미국과 소련이 각각 자유 진영과 공산 진영에서 정부의 역할을 한 셈이죠. 소련이 해체되면서 공산 진영도 붕괴했지만 미국은 여전히 강한 영향력을 행사하고 있답니다. 그리고 이제 21세기에는 중국이 새로운 패권국으로 등장하는 중이죠. 물론 패권국이 등장하면서 나타나는 문제는 '다른 나라들이 특정 국가, 즉 패권국을 리더로 인정하고 수용하는가'입니다.

물론 이때 세계 정부 역할을 하는 패권 국가가 평화를 유지하는 역할을 넘어 작은 나라를 괴롭히거나 막강한 힘을 동원해 시민들을 감시하고 통제한다면 곤란하겠죠. 실제로 과거 소련은 말을 듣지 않는 헝가리나 체코슬로바키아 등에 군대를 파견해 진압하곤 했습니다. 요즘 중국은 정부를 비판하는 사람은 모두 가둬 버리는 실정입니다. 이처럼 인권을 존중하는 민주 정부가 아니라면 세계 정부는 존재 자체가 더 큰 위험을 내포할 수도 있습니다.

3장

부자 나라, 가난한 나라

12

다시 태어난다면
어느 나라가
좋을까?

우리는 이 세상에 나올 때 부모나 나라를 선택할 수 없습니다. 하지만 만약 선택권이 주어진다면, 다시 말해 전 세계 약 200개국 중에서 하나를 고를 수 있다면 어느 나라를 택하겠어요? 앞에서 부자 나라로 손꼽힌 노르웨이? 아니면 최강대국인 미국?

이런 상상은 정말 신나는 일이죠. 사실 사람은 한 번 태어나는 거잖아요. 그런데 또 태어날 수 있다는 가정은 상상만으로도 신나는 일입니다. 게다가 인간은 조국을 선택할 수 없는데 그마저 나의 뜻대로 자유롭게 정할 수 있다는 꿈은 여간 기분 좋은 일이 아닙니다.

물론 어차피 불가능한 일이니 이런 상상을 한다고 부모님이나 조국에 미안해할 필요는 없습니다. 게다가 다시 태어나도 한국인이 되고 싶은 사람도 있을 겁니다. 사실 내가 잘 아는 나라에 다시 태어난다면 말을 새로 배울 필요도 없고 사회 문화적으로 익숙한 환경에서 매우 잘 살 것 같은 생각이 들 테니까요.

이런 상상을 더욱 흥미롭게 만들려면 여러 방면의 조사를 해서 나라의 특징과 차이를 알아보면 좋겠지요. 돈이 넘쳐 나는 부자 나라에 살고 싶다면 방대한 석유 생산으로 부자가 된 노르웨이나 아랍에미리트연합(UAE) 같은 국가를 선택할 수 있습니다.

아랍에미리트연합은 아라비아 반도 해변에 있는 나라인데 사막 모래에 파이프만 꼽으면 석유와 가스가 용솟음친답니다. 노르웨이는 유럽 북부에 있는 나라로 북해의 찬 바닷속에 석유를 가득 품고 있습니다. 똑같은 산유국이라도 지리적으로 유럽과 아라비아로 멀리 떨어져 있고, 기후도 북극에 가까운 추운 날씨와 태양이 내리쬐는 무더운 사막 날씨로 나뉘지요.

부자 나라? 행복한 나라? 문화 선진국?

겨울을 싫어하는 사람은 아랍에미리트가 좋습니다. 두바이라는 도시를 들어 봤나요? 두바이는 아랍에미리트의 대표 도시이며 그곳에는 세계에서 제일 높은 부르즈 할리파라는 빌딩이 있습니다. 워낙 돈이 많은 나라다 보니 바다 위에 인공 섬을 다양한 모양으로 만들어 놓았답니다.

반대로 노르웨이는 춥고도 추운 나라입니다. 동계 올림픽을 보면 노르웨이는 스케이트나 스키 등 겨울 운동에서 두각을 나타내지요. 노르웨이는 석유가 발견되기 전에도 꽤 잘사는 나라였기 때문에 석유로 번 돈은 차곡차곡 쌓아 국가가 관리하고 있습니다. 미래에 후손들이 사용할 수 있도록 말입니다.

부자 나라보다는 행복한 나라를 좋아하는 학생도 있겠지요. 여론 조사를 해 보면 세상에서 제일 행복한 나라는 히말라야 산맥에 위치한 부탄이라고 합니다. 이 나라는 최빈국은 아니지만 가난한 나라에 속하는데 시민들이 경쟁을 피하고 물질적 소비와 거리를 두고 살고 있습니다. 사람들과의 경쟁이 불행을 가져오고, 물질적 소비는 자연과 지구를 망친다는 생각이 강하기 때문이죠.

문화생활을 최고로 여긴다면 프랑스나 이탈리아가 적합할 것입니다. 프랑스 파리에는 루브르나 오르세와 같은 세계적 박물관이 있을 뿐 아니라 미술, 음악, 영화, 연극, 패션 등 다양한 예술 분야의 활동이 펼쳐집니다. 이탈리아는 유럽 문화의 중심으로 모든 예술가가 반드시 방문하고 체류해 봐야 하는 나라로 유명합니다. 프랑스와 이탈리아는 요리도 세계 최상급이라 입도 즐겁게 해 주는 나라들이죠.

몇 가지 사례만 소개했습니다만 여러분이 후회하지 않는 선택을 하려면 정말 자세히 연구를 해야 합니다. 두 가지 중요한 충고를 드리겠습니다.

첫째는 여러분이 선택하는 나라에서 태어나 그 나라 사람으로 산다고 가정을 하는 것입니다. 따라서 관광객으로 간다는 생각보다는 그 나라의 실질적 삶의 조건을 살펴보는 것이 좋습니다. 여행 가서 한 나라를 잠시 보는 것과 실제 생활을 하는 것은 큰 차이가 있으니까요.

둘째는 어느 시대가 적합할지 반드시 고민해야 합니다. 여러분이 노르웨이를 선택했는데 만일 9세기의 노르웨이에서 태어난다면 풍요로운 삶을 누리기보다는 거친 바다를 뚫고 다니는 바이

킹으로 온갖 전투를 겪으며 고생할 것이기 때문입니다. 또는 중세의 아랍에미리트에서 태어난다면 당시 아라비아의 주요 산업이 자연 진주를 캐는 것이었던 만큼 여러분은 바다에 잠수해서 진주를 골라 올리는 일을 하게 될 겁니다. 그때는 석유 생산도 없었고 두바이도 그저 사막과 해변에 불과했습니다.

　지리만 공부해서는 좋은 나라를 고르는 데 실수를 할 수 있겠죠. 그러니 역사도 함께 탐구해서 좋은 선택을 해 보세요. 친구들과 조사한 결과를 비교해 보는 것도 현명한 방법입니다. 여러분의 두 번째 인생이 달려 있는 일이랍니다.

13

오늘 점심 재료는 몇 나라에서 왔을까?

"네가 무엇을 먹는지 말해 주면, 나는 네가 누구인지 알려 줄 것이다." 프랑스 미식 문화의 대가 브리야사바랭이 한 말입니다. 하루도 빼놓지 않고 매일 김치를 먹는다면 한국 사람일 가능성이 무척 높겠죠? 고린내 나는 염소 치즈를 즐기는 사람은 프랑스 사람이라고 보면 틀리지 않을 것입니다. 그만큼 음식은 문화의 가장 기본적이고 중요한 요소랍니다.

브리야사바랭은 200년 전쯤 프랑스에서 활동하던 요리 전문가였습니다. 당시 유럽에는 다양한 음식 전통이 공존하고 있었습니다. 지중해 부근 남부 유럽에서는 빵과 올리브기름, 그리고 포도주가 일상을 지배했습니다. 반면 북해 주변의 북부 유럽으로 가면 햄과 버터를 먹고 맥주를 마시는 습관이 있었죠.

지금도 아메리칸 브렉퍼스트 즉 미국식 아침 식사에는 햄과 계란, 토스트와 우유가 나옵니다. 미국은 영국 식민지로 북부 유럽의 영향을 많이 받았기 때문이죠. 콘티넨털 브렉퍼스트 즉 대륙식 아침 식사는 커피와 주스, 빵 한두 조각에 불과합니다. 여기서 대륙이란 유럽 대륙을 의미하고 구체적으로 프랑스나 이탈리아식을 말한답니다.

나라마다 특징이 있지만 국제 무역이 활발해지고 사람들의 왕래 규모도 커지면서 습관도 서서히 섞이기 시작했습니다. 새로운 것에 대한 인간의 호기심이 발동하면서 정말 맛있는 음식은 널리 퍼지게 되어 있으니까요. 브리야사바랭의 시대부터 지금까지 세계의 음식은 점차 뒤섞이고 교차되는 과정을 거쳤습니다.

맛있는 음식은
전 세계로 퍼져

한국에서도 거리에만 나가면 커피 전문점이 많이 눈에 띄지요. 또 집이나 직장에서도 많은 사람들이 커피를 자주 마시곤 합니다. 커피는 원래 아프리카의 에티오피아가 원산지랍니다. 아라비아와 터키 사람들은 커피나무에 열린 열매를 따서 볶고 빻아 가루를 만든 뒤 따뜻한 물에 섞어 마시는 습관을 퍼뜨렸습니다.

커피가 유럽인들에게 전달된 것은 17세기 터키계 오토만 제국이 오스트리아와 전쟁을 하면서 비엔나를 공격했던 시기로 전해집니다. 터키 군인들이 남기고 간 커피를 비엔나 사람들이 끓여 마시면서 커피가 유럽으로 전파되었다는 일화지요. 비엔나커피가 유명한 것은 이처럼 우연이 아니랍니다. 이후 유럽이 다른 나라들을 침공한 제국주의를 통해 커피와 같은 음료를 마시는 습관도 자연스레 세계 각지에 전해졌습니다.

차 잎을 말려 따뜻한 물에 우려 마시는 습관은 원래 중국에서 발달했죠. 유럽 사람들도 이 습관을 도입하였는데 설탕이나 우유를 타서 마시는 방식을 선호했습니다. 차가 워낙 유럽에서 인기를 끌자 19세기 영국은 중국의 차를 식민지 인도에서 재배하도록 하였습니다. 인도가 차의 새로운 강국으로 부상하게 된 이유죠.

자, 이쯤에서 여러분도 매일 무엇을 먹는지 하루의 식단을 쭉 적어 보세요. 그리고 그 식단에 들어간 음식의 재료가 어디서 오는지 조사해 보세요. 잘 모른다면 부모님이 장을 보러 갈 때 따라가 살펴보세요. 슈퍼에서는 식품의 원산지를 표시하게 되어 있으니까요.

여러분은 아마도 우리가 세계 각지에서 가져온 다양한 음식을 매일 섭취하는 것을 알게 되면서 놀랄 것입니다. 밥을 짓는 쌀은 한국산이겠죠. 하지만 나머지 식재료는 수입품일 가능성이 아주 높아요. 빵은 미국산 밀가루, 고기는 호주산, 생선은 일본산, 초콜릿은 코트디부아르산, 갈치는 세네갈산 등으로 무척 다양할 것입니다. 우리의 정신은 한국인일지라도 몸은 이미 세계를 품고 있는 셈입니다.

백 년 전 우리의 조상은 이 모든 것을 국내에서 생산해 먹었을 것입니다. 열대에서만 생산되는 초콜릿을 제외한다면 말입니다. 그런데 왜 지금은 대부분을 수입에 의존하는 것일까요? 정답은 바로 국제 무역이 크게 발달했기 때문입니다.

한국의 주요 무역국 한국의 주요 수출국은 중국(25.9%), 미국(14.5%), 베트남(9.5%), 홍콩(6.0%), 일본(4.9%) 순이다. 반면 주요 수입국은 중국(23.3%), 미국(12.3%), 일본(9.8%), 독일(4.4%), 베트남(4.4%) 순이다(2020년 기준).

그렇다면 왜 지난 100년 동안 국제 무역이 빠르게 발달했을까요? 여러분이 토론을 벌일 수 있는 좋은 주제가 되겠네요. 교통수단의 발달도 커다란 역할을 했을 것이고, 냉장이나 냉동 기술도 고기나 생선 같은 상품을 이동하는 데 도움이 되었겠죠. 교통비가 줄어들면서 결국 특정 농산물을 싸게 생산하는 나라는 세계를 대상으로 수출이 가능해졌을 것입니다. 그렇다면 왜 어떤 나라는 특정 산물을 싸게 생산할 수 있을까요? 예를 들어 미국이나 호주의 쇠고기가 저렴한 이유는 무엇일까요? 한번 탐구해 보세요.

14

한반도를 옮길 수 있다면 어디가 좋을까?

"기름 한 방울도 나지 않는 나라, 한국"이라는 표현을 들어 봤나요? 우리는 수출할 천연자원이 그리 많지 않은 나라랍니다. 어떤 사람들은 열대 지역에 가면 일을 하지 않고 과일만 따 먹어도 살 수 있다고 상상하지요. 또 산유국은 무조건 잘산다고 생각하고요. 만약 한반도를 옮겨 놓을 수 있다면 어디가 좋을까요?

석유가 펑펑 솟구쳐 오른다고 그 나라가 반드시 잘사는 것은 아닙니다. 물론 앞에서 살펴본 노르웨이나 아랍에미리트는 석유 덕분에 세계 최고 수준의 부자 나라가 된 것이 사실입니다. 그러나 아프리카의 나이지리아, 남아메리카의 베네수엘라 등은 산유국임에도 불구하고 그리 잘살지 못합니다.

또 석유를 생산하지 못해도 가난하게 살아야 하는 것도 아닙니다. 유럽의 프랑스나 독일만 보더라도 석유 없이 세계를 주도하는 대표적인 선진국입니다. 이웃 나라 일본도 석유 같은 천연자원이 없지만 세계 3위의 경제 대국입니다.

18세기 프랑스의 사상가 몽테스키외는 기후에 따라 국가를 구분할 수 있다고 주장했습니다. 추운 지방 사람들은 부지런하기 때문에 열심히 일해 잘살게 되고, 반대로 더운 지방 사람들은 게으른 편이라 낙후하다고 본 것이죠. 하지만 이 주장을 뒤엎는 일들이 최근에 많이 벌어졌답니다. 아랍에미리트나 쿠웨이트, 카타르 등은 산유국이라 치더라도 적도 부근에 위치하고 기후가 무더운 싱가포르 또한 소득이 높은 선진국으로 부상했기 때문이죠.

나이지리아도 덥고 싱가포르도 더운데 왜 한 나라는 가난에 허덕이고, 다른 나라는 부자가 되었을까요? 심지어 나이지리아는 싱가포르에 없는 석유도 생산되는 데 말입니다. 18세기 영국의 학자 아담 스미스는 『국부론』이라는 책에서 부자 나라의 조건을 고민했습니다. 이 『국부론』은 경제학의 기초를 세운 책으로 유명하지요.

스미스는 자원이나 보물을 많이 가지고 있다고 해서 부자 나라가 되는 것은 아니며 국민들이 열심히 일해서 물건을 생산하는 능력을 가져야 부자 나라라고 설명했습니다. 자원이나 보물은 노력하지 않고 얻을 수 있기 때문에 한번 소비해 버리면 그만입니다. 반면 사람이 가진 능력은 사라지지 않고 계속 물건을 생산할 수 있기 때문에 국부의 기본이 된다는 말입니다.

그렇다면 국가의 지리적 위치는 하나도 중요하지 않은 것일까요? 한반도는 옮길 필요가 없는 것일까요? 우리는 지리상 반도 국가이기 때문에 외세의 침략을 많이 받았습니다. 중국이나 러시아 같은 대륙 세력과 일본이나 미국 같은 해양 세력의 틈새에 있으니까요. 게다가 바로 이웃 나라인 중국과 일본의 규모는 한국에 비해 매우 크거든요. 한반도는 해방 이후 그마저도 남북으로 분열되었습니다. 유럽에 가면 남한 크기의 국토나 인구 규모라도 큰 나라 대접을 받을 수 있습니다.

경제 대국 사이에 위치한 한반도

하지만 20세기 중반부터 핵무기의 시대가 시작되면서 전쟁은 크게 줄었고 세계는 경제 중심의 시대로 넘어왔습니다. 학자들은 군사적인 측면을 강조하는 지정(지리+정치)학과 경제적인 측면을 강조하는 지경(지리+경제)학을 구분한답니다. 한 나라가 대국 사이에 있다면 지정학적으로는 침략의 위험이 있기에 손해지만, 지경학 측면에서는 무역을 통해 서로에게 이득이 되는 윈윈 관계로 발전시킬 수 있기에 오히려 장점이 될 수도 있습니다.

여러분이 세계에서 피자를 제일 잘 만드는 요리사라고 가정해 보세요. 사람이 적은 시골 마을에서 장사하는 것보다는 인구가 넘쳐 나는 대도시에서 가게를 여는 것이 더 이득이겠지요? 지경학적 관점에서 본다면 대국 사이에 위치한 한반도가 그리 나쁘지 않다는 의미입니다.

미국은 태평양 건너편에 있는 세계 제1의 경제 대국입니다. 한국과는 밀접한 관계를 맺고 있는 동맹국이죠. 우리의 가까운 이웃 중국과 일본은 미국을 뒤쫓는 제2, 제3의 경제 대국입니다. 지리적으로 한국은 세계 경제 대국의 틈바구니에 자리 잡고 있는 셈입니다. 한국이 경쟁력만 확보한다면 세계 시장을 품고 있다고 볼 수 있습니다.

물론 이웃 나라를 믿을 수 없는 잠재적인 적으로 본다면 호주나 뉴질랜드처럼 큰 바다 가운데 혼자 자리 잡는 편이 좋다고 생각할 수도 있습니다. 나라를 통째 옮기기는 물론 불가능하지만 이런 상상 게임으로 우리의 상황을 고민하고 파악해 볼 수도 있습니다.

15

마오쩌둥과 조지 워싱턴이 겨루면 누가 이길까?

VS

조지 워싱턴은 18세기 말 식민지 미국이 영국을 상대로 독립 전쟁을 벌일 때 군사 지도자로 활동했고, 미국이 독립한 다음 초대 대통령으로 활약했습니다. 마오쩌둥은 1949년 중화 인민 공화국의 탄생에 기여한 공산당 지도자이며 국가 주석의 역할을 담당한 건국의 아버지랍니다. 그런데 서로 다른 시대를 살았던 이 두 사람이 겨룰 수 있을까요?

나라를 세우는 데 기여한 인물들은 우리가 일상에서 활용하는 지폐에 자주 등장합니다. 미국 1달러 지폐에는 조지 워싱턴 초대 대통령의 초상이 그려져 있답니다. 중국의 돈 단위는 위안(元)이라고 하는데 보다 정확하게는 런민비(人民幣) 즉 한국 발음으로 인민폐라고 부른답니다. 중국 지폐의 특징은 1, 5, 10, 20, 50, 100위안에 모두 마오쩌둥이 등장한다는 사실이지요.

미국 달러에는 3대 대통령인 토머스 제퍼슨(2달러)이나 알렉산더 해밀턴(10달러) 같은 건국의 아버지들, 또 여러분도 잘 아는 링컨 대통령(5달러) 등 다양한 인물들이 그려져 있습니다. 우리나라의 지폐도 잘 살펴보세요. 어떤 위인들이 등장하는지 말입니다. 한국 돈에는 세종대왕 같은 국왕이나 퇴계, 율곡, 신사임당 등 대표 문화 인물들이 그려져 있습니다. 모두 조선 시대 사람들이죠. 한국과 중국, 미국 사이에는 왜 이런 차이가 나타나는지 친구들과 이야기해 보는 것도 재미있을 것입니다.

한국, 중국, 미국의 사례를 보면서 나라마다 각각 자기 화폐를 가진다고 생각할 수 있습니다. 하지만 여러 나라가 하나의 같은 돈을 사용하는 경우도 적지 않습니다. 유럽 연합은 유로라는 돈을 만들어 함께 사용하고 있답니다. 독일과 프랑스, 이탈리아와 스페인이 모두 같은 돈을 사용합니다.

신기한 일이죠. 유럽은 수많은 나라들이 옹기종기 모여 있는 데다 사람들의 왕래도 무척 잦습니다. 서로 다른 화폐를 사용하면서 국경을 넘을 때마다 매번 환전해야 하는 번거로움도 있었고, 환전에 드는 수수료도 만만치 않았습니다. 그래서 유럽 사람들은 1999년 화폐를 하나로 통일하기로 결정을 내렸답니다.

그렇다면 유럽의 지폐에는 어떤 사람들이 그려져 있을까요? 앞에서 유럽이 얼마나 많은 전쟁이 발발한 지역이었는지 보았습니다. 그러다 보니 역사적 앙금 때문에 특정 인물을 화폐에 등장시키는 합의를 이루기가 어려웠죠. 한 나라의 영웅이 이웃 나라에 가면 침략의 괴수가 되어 버리니까요.

그래서 유럽의 화폐에는 인물이 등장하지 않는답니다. 대신 다리나 교회 같은 건축물이 등장하는데 액수마다 대표하는 시대적 예술 스타일이 달라지지요. 클래식, 로마네스크, 고딕, 르네상스, 바로크, 19세기 근대, 20세기 근대 등 유럽 예술의 역사를 표현한 덕분에 돈을 보면 예술 공부를 할 수 있는 셈이죠.

여러분이 어마어마한 재산을 가진 부호라고 상상해 보세요. 어느 나라 돈으로 재산을 갖고 있는 것이 좋을까요? 한국 돈이 좋다는 사람도 있고, 달러나 유로 등 선호하는 돈이 다르겠지요.

　마오쩌둥과 워싱턴이 겨룬다는 의미가 바로 여기에 있습니다. 세계의 부자들이 어느 나라 돈을 선호하는가에 따라 세계 경제가 좌우되거든요. 지금은 달러를 좋아하는 사람들이 가장 많습니다. 미국이 세계 최강대국이니까요. 미국 경제가 무너질 가능성은 거의 없다고 보는 것이죠. 중국 경제는 미국을 위협할 만한 수준으로 발전하고 있습니다. 하지만 아직도 많은 사람들은 중국의 미래에 대한 확신이 없고 중국 정부가 앞으로 어떤 정책을 펼지에 대해서도 예측하기 어렵다고 생각합니다.

많은 국가에서 좋아하는 돈이 국제 통화

　이처럼 한 나라의 돈은 그 나라에 대한 세계인의 신뢰를 반영합니다. 많은 국가에서 선호하는 돈은 국제 통화라고 부르죠. 미국의 달러나 유럽 연합의 유로, 일본의 엔이나 스위스의 프랑 등이 그런 역할을 담당합니다. 최근에는 비트코인이라는 새로운 형식의 돈도 등장했지요. 컴퓨터 암호로 만들어진 돈인데 국가의 정부가 보장하는 돈이 아니라는 특징이 있습니다. 탄탄한 암호 덕분에 공급이 제한되어 있고, 그래서 가치가 생기는 특수한 화폐랍니다. 마오쩌둥이나 워싱턴 같은 상징도 없는 유령 화폐인 셈이죠.

마약 수출을 가장 많이 했던 나라는?

마약 하면 무엇이 먼저 떠오르나요? 아마도 미국 영화에 자주 등장하는 마피아 같은 범죄 조직이 생각날 수 있겠지요. 또는 요즘 뉴스에 나오는 멕시코의 폭력 조직을 떠올릴 수도 있겠네요. 하지만 역사를 잘 공부해 보면 영국이야말로 마약을 팔기 위해 전쟁까지 벌인 대표적인 나라라는 사실을 알 수 있답니다.

1840~42년에는 영국과 중국 청나라 사이에 '아편 전쟁'이 벌어집니다. 영국은 식민지였던 인도의 아편을 가져다 중국 시장에 팔려는 입장이었죠. 반대로 청나라는 자국민들이 아편으로 심각한 피해를 입기 때문에 아편 수입을 막으려고 했어요. 당시 영국은 아편도 통용되는 상품의 하나라며 청나라가 자유 무역을 막아선다고 전쟁의 핑곗거리로 삼았습니다.

어떻게 아편과 같은 마약을 팔기 위해 영국과 같은 선진국이 공식적으로 전쟁을 일으켰을까요? 참고로 영국은 자기 나라에서는 아편을 유통시키지 않았습니다. 자국민은 위험한 마약으로부터 보호하면서 다른 나라 사람들에게는 무차별적으로 팔기 위해 전쟁까지 일으켰던 것입니다.

아편 거래 이전에는 인간을 노예로 사고팔 정도였으니 아편 정도야 뭐 대수냐고 여겼을 수 있습니다. 물론 노예 무역도 자국민을 사고파는 것이 아니라 아프리카 흑인들을 대상으로 거래했지요. 이처럼 자국과 타국을 철저히 구분하는 태도가 어떤 흉악한 결과를 낳는지 우리는 역사를 통해 잘 확인할 수 있답니다.

200년 가까이 된 아편 전쟁 이야기는 아직도 중국인들에게 는 커다란 상처로 남아 있습니다. 자신들이 세계 중심이라고 생각해 나라 이름도 중국(中國)인데, 영국 같은 작은 나라에 참패하여 마약을 수입해야 하는 상황이 되었으니까요.

제국주의 영국은 최대 마약 수출국

19세기 중반 세계에서 마약을 가장 많이 수출하는 나라는 단연코 영국이라고 말할 수 있겠네요. 물론 요즘은 마약이 인간의 건강에 미치는 심각한 결과를 세계인이 모두 잘 알고 있습니다. 국제 관계도 더 이상 마약과 같은 물건을 자유롭게 거래할 수 있는 시대는 지났답니다.

이런 변화가 일어난 데는 여러 설명이 있지요. 우선 식민지에서 인권을 유린하고 마약을 판매하는 등 제국주의 세력의 횡포에 대한 비판이 지구촌 곳곳에서 강하게 일어났고, 20세기에는 식민지들이 거의 모두 독립을 했거든요. 힘으로 상대방을 짓누르며 강압적으로 지배하는 시대가 지났다는 뜻입니다.

다음으로 마약 소비가 선진국에서도 사회적으로 확산하면서 자국 시민을 지키기 위해서 마약의 국제적인 거래를 금지하게 되었다는 점입니다. 국내 소비는 금지하면서 국제적으로는 거래하는 위선이 더 이상 불가능해졌다는 말이죠.

요즘 마약의 생산으로 유명한 나라는 남아메리카의 콜롬비아나 아시아의 아프가니스탄 등을 들 수 있습니다. 열대 정글이나 산악 지대라 통제가 어려운 곳에서 마약을 재배하는 데다 정부의 힘이 약해 마약 조직을 파괴하기 어려운 나라들이죠.

21세기 마약의 영역에서 선진국들은 여전히 능력을 발휘하고 있습니다. 사실 담배와 술은 마약에 버금가거나 심지어 더 심각한 중독성과 피해를 초래합니다. 합법적 마약인 셈이죠. 현재 세계적으로 유명한 담배와 술 제조업체들은 미국이나 유럽, 일본 등 모두 선진국입니다.

마피아가 언제, 왜 생겨났는지 아세요? 미국은 1920년 전국에 금주령을 내렸습니다. 술이 불법적인 마약이 되었던 것이죠. 그러자 마피아라는 범죄 조직들이 몰래 술을 판매하면서 규모가 커졌던 것입니다.

나라마다 법은 다른데 사람들은 자유롭게 왕래하는 국제 시대가 열리면서 새로운 관광이 등장하기도 합니다. 예를 들어 이슬람 국가는 대개 종교적 이유로 술 마시는 것을 금지하고 있습니다. 자연히 자유롭게 술을 마시고 싶은 이슬람 시민이 술 마시러 외국으로 놀러 가는 경우도 있답니다.

이처럼 무엇이 마약인가에 대해서는 다양한 사회에서 끊임없이 논쟁이 벌어지고 있습니다. 어떤 마약을 합법적으로 허용하고 어떤 것을 금지할지도 시대에 따라 달라진답니다. 마냥 규제를 풀어놓으면 국민 건강이 악화되고, 금지하면 불법 조직들이 암시장에서 부당 이익을 취하면서 성장하는 현상이 벌어지니까요. 한국에서는 담배나 술의 경우 판매를 허용하되 세금을 강하게 부과하고, 건강에 미치는 악영향도 홍보하는 어정쩡한 상황이라고 볼 수 있습니다.

17

가난한 나라를 어떻게 돕는 게 좋을까?

21세기 현재 인류는 역사상 최고의 풍요를 경험하고 있습니다. 하지만 여전히 빈곤에 허덕이는 사람들이 있습니다. 심지어 가난한 나라에서는 먹을 것이 충분하지 않아 영양실조에 걸린 아동들이 넘쳐 납니다. 이런 지구촌의 상황을 극복하려면 어떤 조치가 필요할까요?

부자 나라가 가난한 나라를 돕는 정책을 원조라고 부릅니다. 가난한 나라도 경제 발전을 이룩해 부자가 될 수 있도록 돕는 정책은 개발 원조라고 합니다. 더 많이 가진 사람이 부족한 사람을 돕는 원리라고 생각하면 이해하기 쉽습니다. 예를 들어 여러분이 배고파 힘들어하는 어린이에게 맛있는 치킨과 피자를 사 준다면 여러분은 그 아이에게 직접적인 도움이 된 것이지만, 국제 사회에서 국가들 사이에 이뤄지는 원조는 더 복잡한 과정을 거칩니다.

국가 간 거리 때문에 직접 현장에 가서 도와주기가 어려운 만큼 흔히 부자 나라가 가난한 나라에 자금을 지원해 줍니다. 부국의 정부가 빈국의 정부에게 돈을 주는 형식인데, 문제는 빈국 정부 인사들이 자국민에게 자금이나 식량을 전달하지 않고 독재자와 정부 관료들이 나눠 가지는 현상이 발생한다는 점입니다.

가난한 나라일수록 독재 정권이 많기 때문에 이렇게 원조가 분배 과정에서 엉뚱하게 새 나가 버리는 일들이 빈번하게 발생합니다. 게다가 정권을 차지하면 외국에서 들어오는 원조를 관리할 수 있기에 정치 세력들이 서로 무력으로 권력을 잡으려는 투쟁이 더 심해지기도 합니다. 좋은 의도의 국제 원조가 오히려 분쟁의 근원이 되는 셈이죠.

정부끼리 주고받는 원조의 문제를 해결하는 한 방법은 민간 단체가 나서 직접 돈을 모아 현장에 전달하는 방식입니다. 중간에 독재자나 관료들이 돈을 채 가는 것을 미리 방지하는 방법이라 훨씬 효율적으로 보이지만 여기에도 문제가 있습니다. 민간단체가 원조를 빙자해서 자신의 조직과 규모를 키우는 일에만 열중할 수도 있기 때문입니다.

좋은 의도가 분쟁의 근원이 돼

사회 과학에서는 이런 문제를 본인-대리인 문제라고 부른답니다. 모든 일을 자신이 직접 하면 별 문제가 없는데, 다른 사람, 즉 대리인을 시키다 보면 여러 가지 문제가 발생할 수 있다는 설명입니다. 원조 문제에서 본인이란 가난한 나라의 사람들을 도와주고자 하는 선량한 여러분이라면, 대리인은 여러분의 돈과 의도를 전달하는 정부와 민간단체라고 할 수 있겠지요.

본인-대리인 문제는 우리가 사회를 형성하고 살아가는 과정에 아주 빈번하게 나타납니다. 예를 들어 민주주의 국가에서는 국민들이 본인이고 국회 의원들은 국민의 의사를 대변하는 대리인이죠. 하지만 국회 의원들이 국민의 의사를 대표하기보다 스스로의 이익을 찾는 데 열중한다면 민주주의는 어떻게 될까요?

가난한 나라의 문제로 다시 돌아와서, 그렇다면 가장 효율적으로 이들을 돕는 방법은 무엇일까요? 하나는 부자 나라의 시장을 가난한 나라에서 생산된 상품이 거래될 수 있도록 개방하는 일입니다. 한국, 일본, 중국 등 동아시아는 이런 방식으로 가난을 극복하고 부자 나라의 대열에 들어간 대표적인 사례입니다. 이들은 모두 수출을 통해서 경제를 발전시켰답니다.

다른 하나는 가난한 사람들이 부자 나라에 와서 일할 수 있도록 문호를 개방하는 것입니다. 부자 나라에서 생활하면서 경제 발전의 방식을 터득할 수도 있고, 번 돈을 자국에 송금하여 가족이나 친구들을 도울 수도 있습니다. 이들이 귀국해 번 돈으로 사업을 하게 되면 더욱 좋은 일이죠. 배고픈 사람에게 생선 한 마리를 주는 것보다 생선 잡는 방법을 가르쳐 주는 것이 더 효과적이니까요.

1950년대 한국 전쟁이 끝난 직후 우리나라는 세계에서 가장 가난한 나라 가운데 하나였습니다. 불과 70여 년 만에 한국인은 부자 나라의 대열에 동참할 수 있는 기적을 이룩했지요. 세계의 다른 나라도 우리처럼 잘살 수 있도록 여러분이 돕는 것은 인류 공동체에 대한 일종의 의무라고 할 수 있습니다.

4장

역사에
새겨진
세계의
불평등

18

노예제는 왜 오래 유지되었을까?

노예제에서는 사람이 사람을 소유합니다. 인간 불평등을 가장 상징적으로 보여 주는 관계죠. 당연히 수많은 노예가 해방을 꿈꾸며 자유로운 세상을 희망했습니다. 우리가 사는 21세기는 다행히도 인간의 평등이라는 가치를 보편적으로 추구하는 세상이 되었습니다. 어떻게 이런 결과를 얻을 수 있었을까요?

노예제는 역사적으로 인류의 수많은 문명에서 존재했습니다. 고대 그리스나 로마 시대에도 노예제는 그 사회를 지탱하는 아주 중요한 제도였습니다. 예를 들어 고대 그리스에서 시민들이 종일 정치 토론에 참여하는 민주주의를 시행할 수 있었던 것은 노예들이 모든 일을 도맡아 해 준 덕분입니다.

주인은 평소 자신의 말을 잘 듣고 충실했던 노예들을 죽을 때쯤이면 해방시켜 주곤 했습니다. 착한 주인을 만나 잘 보이면 자유를 획득할 수 있었던 것이죠. 문제는 해방된 다음에는 자신도 노예를 거느리는 주인이 되려 했다는 점입니다. 불평등한 사회 제도는 그대로 둔 채 자신만 노예에서 주인의 신분이 되려 한 것이죠.

역사에서 발견되는 많은 노예 제도 가운데 16~19세기 아메리카 대륙의 노예 활용은 현대까지 커다란 영향을 미치는 인류사의 불행입니다. 유럽인들이 아프리카에 가서 흑인을 납치하거나 매수한 다음, 대서양을 건너 아메리카의 농장에 노예로 대량 판매했습니다. 앞서 아편 무역에서 확인했듯이 유럽인들은 수익이 높은 거래라면 마약이건 사람이건 가리지 않고 앞장섰던 것이죠.

하지만 18세기부터 변화의 바람이 불기 시작했습니다. 미국은 1776년 독립 선언을 하면서 인간의 평등을 인류의 보편적인 가치로 내세웠습니다. 프랑스 또한 1789년 대혁명을 이루면서 인간과 시민의 권리 선언을 통해 평등권을 보편 원칙으로 선언했죠. 그러자 프랑스 식민지에서는 자신들의 권리가 실행되기를 요구하는 노예의 반란이 일어났습니다. 게다가 노예 제도는 모든 인간은 똑같이 하느님의 형상으로 만들어졌다는 기독교 원리에도 어긋난다는 반성의 목소리가 커졌습니다.

19세기는 노예 제도를 종결시키는 작은 변화들이 서서히 일어나면서 인간의 평등권이 조금씩 성장했던 시기라 할 수 있습니다. 1860년 미국은 노예 제도를 두고 남북이 전쟁을 벌이기까지 했습니다. 아브라함 링컨으로 대표되는 북부는 인간의 평등과 노예의 해방을 주장했다면, 남부는 노예 해방이란 경제적 몰락을 의미한다고 반대했던 것입니다.

실제 미국 남부의 경제는 노예가 없으면 운영되지 못하는 상황이었습니다. 지금은 미국이 세계를 주도하는 경제 대국이 되었지만 18세기에는 담배, 19세기에는 면화를 수출하는 농업 국가였습니다. 담배와 면화는 모두 남부의 노예 농장이 생산을 담당하고 있었죠. 특히 남부 백인들에게 노예는 그들 재산의 가장 값비싼 부분이었습니다.

흑인의 생명도 소중하다

    남북 전쟁에서 북부가 승리하고 미국의 노예들은 해방을 맞았습니다. 150년이 넘은 이야기지요. 하지만 지금도 흑인들을 노예의 후손으로 보면서 차별하는 행태는 여전히 남아 미국 사회를 뒤흔들고 있습니다. 뉴스에서 '흑인의 생명도 소중하다'(Black Lives Matter)는 운동에 대한 보도를 본 적이 있나요? 흑인만 보면 범죄자로 여기고, 흑인의 목숨을 경시하여 마구 총을 쏘는 일부 경찰에 대한 저항 운동이죠.

    인간 본성에 관한 슬픈 이야기는 아프리카 라이베리아라는 나라에서 확인할 수 있습니다. 라이베리아(Liberia)는 자유의 나라라는 뜻이죠. 1847년 미국에서 해방된 노예들이 아프리카로 돌아와 만든 나라랍니다. 문제는 새 나라에 정착한 그들이 현지인을 노예로 부리는 주인이 되었다는 사실입니다. 과거 고대 로마와 마찬가지로 불평등한 제도를 고치는 것이 아니라 자신들만 노예에서 주인으로 신분 상승을 이룬 것입니다.

    이런 행태는 안타깝게도 노예제뿐 아니라 인간 사회의 모든 불평등에 적용되어 왔습니다. 예를 들어 영국의 식민지였던 미국은 자신이 강국이 되자 약자를 괴롭히는 제국주의적 행태를 보였거든요. 인민의 해방을 주장하던 공산주의자들도 정권을 잡자 특권을 독점하는 독재자들이 되었고요.

순수한 마음을 갖는 것은 중요하지만 너무 순진하면 그럴싸한 이념을 앞세워 권력을 추구하는 사람들에게 속을 가능성이 크답니다. 명심할 점은 이상적인 사회 건설을 주장하는 사람이 권력을 잡는 것보다 평등한 사회 구조와 누구나 자유로운 삶을 누릴 수 있는 세상을 만드는 것이 중요하다는 점입니다.

19

세계 스포츠 연맹은 왜 모두 유럽에 있을까?

SWISS
Lausanne

여러분은 어떤 운동을 좋아하나요? 가장 좋아하는 운동 세 가지를 적어 놓고 그 운동의 세계 본부가 어디에 있는지 조사해 보세요. 예를 들어 축구, 야구, 농구는 세계적으로 인기를 끄는 운동들이죠. 그렇다면 각각의 스포츠를 총괄하는 국제 조직은 어디에 본부를 두고 있을까요?

세계 축구를 관장하는 기구는 피파(FIFA)라고 불리는데 국제 축구 연맹이라는 뜻입니다. 피파의 본부는 스위스 취리히에 있답니다. 야구는 미국이 세계의 중심인 운동이죠. 미국의 영향력이 강한 한국이나 일본, 대만 등에서도 인기를 끌고 있습니다. 야구를 총괄하는 세계 야구 소프트볼 연맹(WBSC)은 스위스 로잔에 본부를 두고 있습니다. 농구를 관리하는 국제 농구 연맹은 피바(FIBA)라고 불리며 역시 스위스 제네바에 자리 잡고 있습니다.

놀랍지 않은가요? 스위스는 도대체 어떤 나라이기에 국제 스포츠 본부들을 독점하다시피 하는지 말입니다. 자, 그럼 상대적으로 인기가 적은 다른 스포츠들을 한번 살펴볼까요?

수영, 카누, 체조, 배구, 승마, 레슬링, 양궁, 권투, 펜싱, 하키, 골프, 조정, 탁구 등은 모두 스위스 로잔에 세계 본부를 두고 있답니다. 게다가 핸드볼은 스위스 바젤에, 자전거는 스위스 에이글이라는 도시에 있지요. 스위스야말로 세계 스포츠 행정의 중심이라고 해도 과언이 아닙니다. 그중에서도 로잔은 스포츠의 수도인 셈입니다. 사실 스포츠 연맹 가운데 대장이라고 할 수 있는 국제 올림픽 위원회(IOC)가 스위스 로잔에 자리 잡고 있어 다른 부하 연맹들이 바로 옆에 있다는 설명이 가능합니다.

1894년 국제 올림픽 위원회를 창설한 사람은 프랑스의 쿠베르탱 백작이었습니다. 프랑스 사람이 만든 조직이고 당시 프랑스는 강대국이었기 때문에 국제 올림픽 위원회 본부도 파리에 두었지요. 그런데 제1차 세계 대전으로 프랑스와 독일이 심각한 전쟁에 돌입하자 본부를 중립국이었던 스위스로 옮긴 것입니다. 프랑스는 전쟁 때문에 스포츠의 세계 중심이라는 위상을 한번에 잃어버렸고, 덕분에 스위스는 백 년 동안 스포츠의 수도가 되어 명성을 누리게 된 셈입니다.

스포츠에 남아 있는 제국주의

스위스 말고 다른 나라에 본부를 둔 운동들도 존재합니다. 예를 들어 육상은 유럽에서 작기로 유명한 나라 모나코에 있답니다. 헝가리의 부다페스트에는 역도와 유도의 본부가 있습니다. 영국 런던에는 요트와 테니스의 본부가 자리 잡고 있으며, 럭비는 아일랜드 더블린에, 그리고 사격은 독일 뮌헨에 있답니다. 정말 다양해 보이지만 사실 모두 유럽이라는 작은 대륙 안에 옹기종기 모여 있는 모습입니다.

유럽 밖에 본부를 두고 있는 국제적 스포츠로는 말레이시아 쿠알라룸푸르에 위치한 배드민턴과 대한민국 서울의 태권도 정도입니다. 배드민턴은 원래 영국 첼튼엄에 본부가 있었지만 2005년 말레이시아로 이전한 경우이기 때문에 서울의 국기원은 정말 특별한 경우라고 말할 수 있습니다.

스포츠 연맹의 본부를 조사하면서 우리가 알 수 있는 사실은 유럽이 근대 스포츠를 지배하는 위치에 있었다는 점이죠. 실제 스포츠는 오랜 역사와 전통을 갖지만 19세기가 되어서야 유럽에서 규칙이 정해진 게임으로 발전하거든요. 규칙이 없는 게임은 아이들의 놀이가 될 수는 있으나 공식 대회로 발전하기는 어렵죠.

유럽은 또 19~20세기에 세계적인 제국을 운영했기 때문에 곳곳에 자신들의 게임을 전파할 수도 있었답니다. 만일 한국이 유럽의 입장이었다면 '닭싸움'이나 '제기차기'가 올림픽 공식 종목이 되었을지도 모르는 일이죠. 마야 문명의 멕시코 인디언들은 과거에 엉덩이로 하는 농구 게임을 했답니다. 손이나 발을 사용하지 않고 몸통만 사용하는 게임이지요. 인디언 세상이라면 우리는 엉덩이 농구를 하고 있을지도 모르겠네요.

이처럼 국제 정치란 군사력이나 경제력만 갖고 바라보는 분야가 아닙니다. 스포츠와 같이 정치와 전혀 상관이 없을 것 같은 영역에서도 유럽이 누렸던 제국주의의 영향이 깊이 남아 있습니다. 제도는 일단 정해지면 계속되는 관성의 힘을 갖고 있거든요.

축구 스타 손흥민이 영국에서 뛰는 이유는?

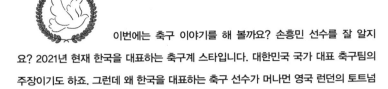

이번에는 축구 이야기를 해 볼까요? 손흥민 선수를 잘 알지요? 2021년 현재 한국을 대표하는 축구계 스타입니다. 대한민국 국가 대표 축구팀의 주장이기도 하죠. 그런데 왜 한국을 대표하는 축구 선수가 머나먼 영국 런던의 토트넘이라는 팀까지 가서 뛰는 걸까요?

축구를 잘 아는 친구들은 왜 이런 바보 같은 질문을 던지느냐며 화를 낼지도 모르겠습니다. 영국은 축구를 발명한 종주국으로 알려졌고, 지금도 세계 최고의 축구 수준을 가진 나라이며, 그 덕분에 훌륭한 축구 선수들에게 최고의 보수를 제공할 수 있는 나라니까요.

손흥민뿐 아니라 과거에 박지성이나 기성용 등 한국의 내로라하는 축구 선수들은 영국 프로 축구팀에 몸담고 활약해 왔습니다. 물론 세계적 축구 스타 메시는 프랑스에서 뛰고 있지요. 영국, 스페인, 이탈리아, 독일 4개국은 세계 축구계에서 가장 잘 나가는 프로 리그를 운영하고 있답니다.

19세기 영국에서 만들어진 축구는 제일 먼저 유럽의 이웃 나라로 퍼져 나갔고, 제1차 세계 대전 시기(1914~18년)에는 나라를 막론하고 축구를 즐기기 시작했습니다. 전투를 잠시 중지하고 쉬는 시간이 되면 축구 골대를 세워 놓고 열심히 운동했다고 합니다. 축구가 유럽에서 신속하게 보편화된 계기였던 것입니다.

이처럼 축구는 유럽에서 만들어졌을 뿐 아니라 유럽 사람들이 가장 많은 관심을 갖고 즐기는 운동이 되었지요. 수만 명의 관객이 한 장소에 모여 열심히 응원하는 장면을 만들어 낸 스포츠가 바로 축구랍니다. 응원하는 팀을 따라 다른 도시나 외국으로 이동하는 단체 응원 관광이 만들어진 것도 축구 덕분이지요.

유럽에서는 축구를 모르면 대화가 안 돼

무엇보다 프로 축구가 형성되면서 수많은 어린이가 축구 선수라는 직업을 꿈꾸게 되었답니다. 축구라는 게임에서 두각을 나타내면 세상에 널리 이름을 알리고 나라를 대표할 수 있으며, 수입도 매우 높기 때문입니다. 선수 개인이 아니라 팀을 열정적으로 응원하는 팬클럽을 만들어 낸 것도 축구의 특징이지요.

이제 아시겠죠, 왜 손흥민이 영국에서 뛰는지 말입니다. 유럽은 역사적으로 축구 문화가 매우 발달한 곳이기 때문에 축구를 둘러싼 여건이 모두 뛰어나기 때문이지요. 무엇보다 축구가 사회의 집중적 관심거리라 축구를 모르면 대화에서 소외될 정도랍니다.

유럽의 이런 특수성은 다른 대륙과 비교해 보면 뚜렷하게 드러납니다. 브라질이나 아르헨티나가 있는 남미는 예외적으로 유럽과 비슷한 편이죠. 하지만 미국만 가면 축구는 찬밥 신세랍니다. 미식축구가 남성적인 스포츠로 인식되어 인기를 끄는 반면 축구는 여성들의 게임이라고 생각하는 사람들이 많습니다. 인도에서는 크리켓이라는 야구 비슷한 운동이 인기지만 축구는 상대적으로 관심 밖입니다. 중국은 시진핑 주석이 축구광이라 지금은 축구에 많은 관심을 갖고 투자를 하지만 축구 실력은 늘지 않아 고민이죠. 인구가 아무리 많고, 돈을 아무리 많이 투자해도 축구 실력이 자동으로 쑥쑥 올라가는 것은 아니랍니다.

2021년 현재 세계 축구에서 랭킹 1위는 벨기에라는 인구 1,100만 명의 작은 나라입니다. 벨기에는 지리적으로 영국, 프랑스, 독일 사이에 위치합니다. 영국은 축구의 조국이자 세계 최고의 프리미어 리그를 운영하는 나라고, 프랑스는 2018년 월드컵 챔피언이며, 독일 또한 바이에른 뮌헨이 2020년 챔피언스 리그에서 우승한 축구 강국들이지요. 벨기에는 최강국 사이에서 경쟁하는 가운데 실력을 높인 셈입니다.

축구 세계에서 나타나는 이런 현상은 사실 국제 정치의 여러 분야에서 확인할 수 있답니다. 어떤 분야나 영역이든지 게임을 처음 만든 나라는 확실한 선두 주자가 될 수 있습니다. 이 게임을 발전시키는 과정에서 관련된 문화와 기반을 동시에 갖추며 우위를 확고하게 다집니다. 그리고 그 수준을 유지하기 위해 세계와 경쟁하며 노력합니다. 영국의 프리미어 리그는 국가 대표 팀이 그다지 강하지 않을 때도 우수한 외국 선수들을 영입하여 세계 최고의 축구 수준을 유지하고 있답니다.

21

'토끼의 전쟁'이 있었다고?

박물관에 가면 고려청자의 신비한 색깔과 조선백자의 단아한 모습에 감탄을 하게 됩니다. 그런데 세계사에서 도자기를 만드는 사람, 즉 도공(陶工)의 전쟁이라 부르는 사건이 있습니다. 16세기 말 일본이 한반도를 침공한 임진왜란을 이렇게 부른답니다. 무슨 연유일까요?

임진왜란 당시 일본은 한반도를 침략하여 전쟁을 치르면서 수많은 사람을 일본으로 끌고 갔답니다. 고려 시대 이후 한반도는 훌륭한 도자기를 만드는 기술자들을 많이 보유하고 있었는데, 일본이 전쟁을 틈타 이들을 마구 데려간 것이랍니다. 세계인이 감탄하는 고려청자의 아름다운 모습에서 확인할 수 있듯이 한반도의 도자기 전통은 이웃 나라가 너무나도 부러워할 만큼 우수했던 것이죠.

일본의 지방 영주들은 조선의 도공들을 데려가 융숭한 대접을 해 주면서 최고의 도자기를 만들도록 장려했습니다. 일본의 차 문화가 발전하는 데 이들은 결정적인 기여를 했죠. 도자기로 만든 아름다운 주전자나 찻잔 등의 다기(茶器)는 차를 마시는 과정을 고상한 문화로 끌어올리는 데 큰 몫을 담당했으니까요.

일본의 정치 제도는 조선이나 중국과는 달랐습니다. 조선의 왕이나 중국의 황제는 권력을 중앙에 집중하여 전국을 지배했으나, 일본의 경우 지방마다 '작은 왕'의 역할을 하는 영주들이 있었거든요. 이들은 서로 교류하면서 자신의 도자기가 최고라고 자랑하는 일이 취미였답니다. 이렇게 경쟁하다 보니 도자기의 수준은 점점 높아졌습니다.

최고의 도자기를 만든 조선의 도공들

17세기에 일본의 도자기가 유럽으로 본격적으로 수출되기 시작했습니다. 당시 동아시아의 조선, 청나라는 유럽과의 무역을 금지했으나 일본만은 나가사키항에서 네덜란드인들이 무역을 할 수 있도록 작은 문을 열어 놓았거든요. 조선과 일본의 전쟁을 도공의 전쟁이라 부르게 된 것도 유럽 사람들의 시각이었습니다. 그들은 일본 도자기 기술이 조선에서 잡혀 온 포로 장인들의 실력 덕분이라는 것을 알았던 것이죠.

여러분은 그릇 따위를 갖고 국제 정치를 논하는 것은 무리라고 생각할 수 있습니다. 요즘 도자기는 너무 흔한 물건이 되었으니까요. 하지만 수백 년 전 세상을 상상해 보세요. 흙으로 만든 토기로 밥을 먹던 시대에 도자기처럼 매끈매끈하고 탄탄하며, 그림까지 더해진 아름다운 그릇은 사람들을 열광시켰습니다.

인류의 역사에서 도자기 기술을 제일 먼저 발전시킨 것은 중국인들이었지요. 좋은 도자기를 만들려면 재료인 흙이 적절해야 하고 잘 반죽한 다음 높은 온도에서 조심스럽게 구워야 하거든요.

요즘 표현을 빌리자면 도자기는 첨단 하이테크 산업에 속했던 것입니다. 중국의 징더전(경덕진, 景德鎭)이라는 도시는 14세기부터 세계 도자기의 수도라고 불릴 만큼 대단한 도자기 생산의 중심이 되었습니다.

인도와 동남아에서 후추를 수입하던 유럽 사람들은 이제 중국까지 와서 도자기를 실어 갔습니다. 1557년 포르투갈 사람들은 중국 마카오에 자리를 잡고 도자기 수입에 열심이었죠. 유럽에서 온 배에 도자기를 잔뜩 싣고 도자기 안에 후추를 담았으니 일석이조였습니다. 중국에서 명나라가 멸망하고 청나라가 부상하는 전쟁 통에 무역이 어려워지자 유럽인들은 일본 도자기를 가져가기 시작했습니다.

유럽은 동아시아의 도자기 기술을 몰래 훔쳐 가기 위해 '산업 스파이'를 파견하기도 했어요. 유럽의 가톨릭 신부들이 이런 스파이 역할을 담당하곤 했습니다. 별 의심을 받지 않았고 현지 언어에도 능통했으니까요. 하지만 아무리 흉내를 내려 해도 탄탄한 도자기를 만들기 위해 가마의 온도를 높이면 깨져 버리기 일쑤였습니다.

그래도 꾸준한 노력을 기울인 끝에 유럽에서도 도자기를 만드는 실력이 조금씩 쌓이기 시작했습니다. 네덜란드의 델프트 도자기, 프랑스의 리모쥬 도자기, 영국의 웨지우드 도자기는 18세기부터 명성을 떨치기 시작했죠. 특히 영국은 도자기를 제조하는 과정에 기계를 도입함으로써 대량 생산을 시작했답니다. 동아시아의 섬세한 기술에 유럽의 기계 생산 능력을 더하면서 세계 최고의 자리를 차지할 수 있었던 것입니다.

요즘 도자기는 우리 주변에서 쉽게 찾아볼 수 있는 소재가 되었습니다. 국그릇이나 접시부터 화장실 변기까지 도자기는 사방에 있지요. 게다가 의료 기기나 로봇, 우주선 등에도 도자기는 사용되고 있습니다. 도자기를 한번 쓰다듬으면서 긴 역사를 생각해 보세요.

22

위구르족을 탄압하는 중국을 비판할 수 있을까?

위구르족이라고 들어 봤나요? 중국의 서부 지역에 넓은 영토를 차지하고 사는 민족이랍니다. 인구는 2천만 명 남짓하며 전통적으로 이슬람교를 믿습니다. 문화와 언어가 다른 위구르족이 혹시 독립이라도 할까 봐 중국은 이들을 심하게 탄압하고 있답니다.

위구르족의 문제를 잘 파악하려면 중국 지도를 놓고 살펴보는 것이 큰 도움이 됩니다. 중국 서부의 신장(新疆)성이 위구르족이 집중적으로 사는 곳인데 굉장히 큰 영토를 차지하고 있지요. 마찬가지로 서부에는 시장(西藏)성이라는 지역이 있는데 이곳에는 티베트족이 예전부터 살아왔답니다.

신장성과 시장성은 말하자면 중국의 영토지만 위구르족과 티베트족이라는 소수 민족의 전통적인 지역이라고 할 수 있지요. 위구르는 2천만, 티베트는 3백만으로 인구도 무척 적은 편입니다. 다만 이들이 차지하는 영토의 면적은 엄청나게 크지요. 중국 서부를 모두 차지하고 있는 셈이니까요.

만일 이들이 독립이라도 한다면 중국은 영토의 40% 이상을 상실하게 됩니다. 중국 총 면적이 960만 km^2인데 신장이 160만 km^2, 시장이 250만 km^2입니다. 1980년대부터 중국이 빠른 속도로 경제 발전을 하면서 중국의 전략은 한족들을 신장과 시장에 보냄으로써 인구의 균형을 깨뜨리는 것이었습니다. 10억이 넘는 한족이 조금만 이동을 하더라도 이들 지역은 한족이 인구의 다수를 차지할 수 있기 때문이죠.

갑자기 한족이 밀려들어 오자 위구르나 티베트족은 위협감을 느끼게 되었고, 반발을 하게 되었답니다. 위구르족 가운데 일부는 한족을 대상으로 테러를 감행하면서 독립을 주장하기 시작했습니다. 불교 신앙이 독실한 티베트족도 반(反) 중국 시위를 벌이는가 하면 승려들이 다수 분신하는 사건도 벌어졌지요. 여러분은 달라이 라마라고 들어 봤나요? 달라이 라마는 바로 티베트 불교의 수장이자 정신적 지도자인데, 중국의 탄압이 심해 이웃 나라 인도로 망명해 사는 인물이랍니다.

수용소에 갇힌 위구르족이 1백만 명이 넘는다고?

중국 정부는 반 중국 테러나 시위를 보고 점점 더 강력한 탄압 정책에 나서게 되었습니다. 특히 2010년대 들어 중국은 현대 기술을 활용한 감시 사회를 만들고 있습니다. 거리마다 감시 카메라를 설치하여 사람들의 행동을 살펴보는 것이죠. 가정에서 벌어지는 일을 살피기 위해 공무원이나 공산당원을 위구르족이 사는 집으로 파견하기도 합니다.

위구르 민족의 정체성, 즉 이슬람 성향이 강하다고 판단되면 집단 수용소로 보내 세뇌 교육을 시키지요. 집에서 이슬람 경전

코란을 열심히 읽기만 해도 수용소로 갈 가능성이 높다고 합니다. 공정한 재판도 없이 사람들을 마구 가두어 강제 노동을 시키고 중국인이 되어야 한다는 세뇌 교육을 시키는 것이죠. 이렇게 수용소에 갇힌 사람이 1백만 명이 넘는다고 합니다.

미국이나 유럽에서는 중국의 이런 강제 정책에 대해 비판의 목소리를 높이고 있습니다. 한 민족의 언어와 문화, 종교를 말살하려는 정책은 인권에 어긋난다고 말입니다. 중국은 위구르나 티베트의 문제는 중국 내부 사안이기 때문에 외국은 내정 간섭을 중단하라고 오히려 큰소리를 칩니다. 역사적으로 마약이나 팔아먹으려고 전쟁을 일으킨 서구가 중국에 대해 도덕적 비판을 할 자격이 없다는 투지요.

인도가 달라이 라마를 받아들인 것은 물론 종교 활동을 할 수 있도록 적극적으로 돕자 인도와 중국의 사이가 나빠졌습니다. 중국과 인도는 히말라야산맥을 국경으로 두면서 종종 전투를 벌이며 충돌한답니다.

여러분은 어떻게 생각하세요? 중국이 자국 내에서 위구르나 티베트족을 탄압할 때, 외국은 이를 비판할 권리가 있는 것일까요?

달라이 라마 티베트인의 정신적 지도자이다. 중국 공산당이 티베트를 탄압하자, 1959년 인도로 망명해 다람살라에 망명 정부를 세웠다. 중국 안에서 티베트의 실질적 자치를 요구하며, 비폭력 저항 운동을 벌여 1989년 노벨 평화상을 수상하였다.

인권이 보편적인 가치라고 생각한다면 국경과 상관없이 비판하고 개선을 요구할 수 있어야겠죠. 반대로 국가의 권리가 우선이라고 여긴다면 중국 일에 다른 나라가 개입할 권리가 없는 것입니다.

이 문제는 아동 학대와 비교할 수 있습니다. 어린이의 권리는 보편적인가, 아니면 부모가 알아서 하도록 내버려 두어야 하는 가? 21세기의 추세는 보편성에 무게를 두고 관심과 간섭의 범위를 넓혀 가고 있습니다.

BTS는 인터뷰를 영어로 해야 할까, 통역을 써야 할까?

We are BTS!

BTS(방탄소년단)의 음악에 세계의 팬들이 환호하는 모습을 보면서 한국인들은 자긍심을 느낍니다. 세계적 스타인 만큼 외국 방송이나 언론과 인터뷰하는 일도 잦은데 이때 영어를 사용하게 되지요. 세계적인 스타가 세계인과 소통하기 위해 국제 통용어인 영어로 말하는 게 당연한 일일까요? 아니면 한국을 대표하는 그룹이니까 한국어를 사용하고 통역을 활용해야 하는 걸까요?

혹자는 영어로 하건, 한국어로 하건 팬과 소통만 하면 된다고 말할 수도 있습니다. 뜻만 통하면 된다는 시각이지요. 하지만 여러분의 경험을 돌이켜 보세요. 똑같은 영화나 드라마를 한국어로 더빙해 보는 것과 원래 언어로 들으면서 자막을 보는 것이 어떻게 다른지 말입니다. 또는 거리에서 외국인을 마주쳤는데 유창한 영어로 여러분에게 말을 거는 것과, 한국어로 천천히 길을 묻는 경우를 비교해 보세요. 느낌이 어떻게 다를까요?

언어는 소통의 수단이지만 동시에 한 사람이 배워서 학습한 능력의 결과이기도 합니다. 우리는 태어날 때부터 말을 하는 것이 아니라 오랫동안 수없이 반복해서 듣고 배워서 말을 하잖아요. 배우는 것이기 때문에 언어 능력에는 개인차가 있을 수밖에 없지요. 익숙하지 않은 언어로 말을 한다는 것은 걸음마를 걷기 시작한 아이가 달리기를 즐기는 10대 청소년과 함께 노는 셈이랍니다.

모국어가 아닌 외국어로 소통을 한다는 것은 이처럼 힘든 일입니다. 서로 다른 언어를 쓰는 사람들이 대화를 나누려면 공동의 언어가 필요하겠지요. 21세기 국제 사회에서는 영어가 그 역할을 담당합니다. 국제 관계에서 어떤 언어를 사용하는가는 바로 국가의 전통과 힘의 관계를 반영합니다. 영국은 19세기 해가 지지 않는 나라로 불릴 정도의 세계 최대 강대국이었고, 이어서 미국이 20세기부터 영국의 지위를 물려받았기 때문에 영어는 현재 국제 언어의 위상을 갖게 된 것이죠.

올림픽 메달 시상식을 할 때 나오는 방송을 자세히 들어 보세요. 영어로 이야기를 한 다음에 반드시 프랑스어로 말을 한답니다. 19세기 말 프랑스의 쿠베르탱 백작이 근대 올림픽을 부활시켰기 때문에, 그리고 그 당시 프랑스는 영국과 어깨를 견주는 강대국이었기 때문에, 영어와 프랑스어는 올림픽의 언어로 결정된 것입니다. 프랑스의 국력은 상대적으로 약해졌지만 백 년 넘는 전통은 그대로 이어진 것이죠.

새로운 언어로 새로운 세상을 경험하기

20세기 중반에 창설된 국제 연합(UN)에는 6개의 공식 언어가 있답니다. 영어를 비롯해 프랑스어, 스페인어, 러시아어, 중국어, 아랍어입니다. 물론 같은 공식 언어지만 회의를 하거나 서류를 만들 때는 영어가 우선시된답니다. 가장 많은 사람이 능통하게 사용할 수 있는 언어니까요.

여러분은 모두 학교에서 영어를 배우고 있지요? 단 하루만 영어로 말하고 생각하는 시도를 해 보세요. 저는 외국어를 배우면서 이런 경험을 여러 번 해 봤습니다. 처음 한두 시간은 재미있다는 생각이 들지만 금방 피곤해지고, 나중에는 머리가 빙빙 돌고 숨이 막힐 것 같았답니다. 저녁을 먹으면 외국어에서 탈출하고 싶어서 저항하기 어려운 졸음이 몰려오곤 했지요. 이런 실험을 해 보면 모국어가 얼마나 편하고 소중한지를 깨닫게 된답니다.

자, 이번에는 국제 사회에서 진행되는 수많은 회의를 상상해 보세요. 미국이나 영국인은 자기 언어로 회의를 하는데, 한국이나 일본 사람은 외국어로 어렵게 말을 해야 하는 상황입니다. 스포츠에 비유한다면 야구 선수를 축구장에 들여보낸 셈이죠. 국제 사회에서 언어의 불평등은 이렇게 심각하답니다.

중세 유럽에서 프랑크 제국을 설립한 샤를마뉴 황제는 9세기에 이미 "새로운 언어를 쓴다는 것은 또 하나의 영혼을 갖는 셈"이라고 설명했습니다. 언어 학습이 얼마나 어려운지를 보여 주면서 동시에 그것을 통해 얻는 것이 얼마나 큰지를 보여 주는 말입니다. 사회적으로 아무리 대단한 사람이라도 영혼은 하나밖에 없는 것이 정상인데, 언어를 배움으로써 두 개의 영혼을 가질 수 있다니 말입니다.

종교가 지배하던 중세 유럽의 샤를마뉴는 영혼을 말했지만

21세기에는 다른 비유를 들 수 있습니다. 저는 학생들에게 새로운 언어를 배운다는 것은 새로운 세상을 경험하는 것이라고 가르칩니다. 보통 한 세상 사는 것을, 두 세상, 세 개의 세상으로 늘리는 셈이죠. 게다가 언어는 수영이나 춤처럼 온몸으로 배우는 분야라 한번 배우면 절대 잊지 못한다는 특징이 있답니다.

5장

공존을 위한 지혜

세상에서
제일 높은 사람은
누구일까?

2021년 현재 미국과 중국은 세계에서 경제력이 가장 강한 두 나라입니다. 부를 생산하는 능력이 가장 크다는 의미이지요. 그렇다면 미국의 조 바이든 대통령이나 중국의 시진핑 주석이 제일 높은 사람일까요? 제일 높다는 것은 도대체 무엇을 의미하는 것일까요?

질문이 정확하고 답이 명백하다면 퀴즈에 답하듯이 정답을 찾아낼 수 있습니다. 이런 질문과 답은 백과사전을 찾아보거나 인터넷을 뒤져 보면 쉽게 얻을 수 있답니다. 하지만 얼른 답을 생각해 내기 어려운 질문들도 많습니다. 질문 자체를 곱씹으면서 의미를 따져 봐야 하는 질문들이죠. 이번 질문처럼 제일 높다는 것은 구체적으로 무엇을 의미하는지 토론하고 저울질해 봐야 하기 때문입니다. 해답을 찾기 위해서는 질문의 뜻을 파악해 나가면서 세상을 배우고 생각하는 방법을 습득해야 합니다.

미국과 중국은 세계에서 부를 가장 많이 창출하는 국가입니다. 하지만 부자 나라라고 해서 높은 지위를 보장받는 것은 아니죠. 돈이 많으면 물건을 많이 살 수는 있지만 다른 나라 사람들의 존경까지 받을 수 있는 것은 아니니까요.

그렇다면 미국과 러시아처럼 핵무기를 가장 많이 가진 군사 강대국의 국가 원수들이 제일 높다고 말할 수 있을까요? 실제로 미국의 바이든 대통령이나 러시아의 블라디미르 푸틴 대통령이 핵전쟁을 일으키면 지구는 멸망할 수도 있습니다. 하지만 가장 두려운 존재가 제일 높은 사람이 될 수 있을까요? 우리는 조직폭력배를 두려워하지만 그렇다고 그들을 우러러보는 것은 아니거든요.

조직화된 권력이라고 할 수 있는 국가를 중요하게 생각한다면 전 세계 국가들이 모여 만든 국제 연합의 사무총장을 제일 높은 사람이라고 할 수도 있겠네요. 한국의 반기문이 사무총장을 맡았던 때를 알고 있죠? 현재는 포르투갈 출신 안토니우 구테흐스가 사무총장을 맡고 있습니다. 하지만 유엔 사무총장은 회원국의 지지를 받아서 선출될 뿐 아니라 유엔 자체적인 예산이나 인력은 턱없이 부족하답니다. 따라서 조직도를 그리면 높아 보이는 인물이지만 실제 권력은 강대국보다 미약한 편이죠. 물론 상징적으로 유엔 사무총장이 높은 지위에 있음은 부정할 수 없습니다.

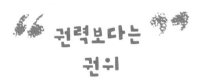

권력보다는 권위

사실 상징적 권력으로 높은 사람을 따진다면 가톨릭교회의 교황을 들 수도 있습니다. 바티칸에 거주하는 교황은 전 세계 가톨릭교회를 대표하는 인물이니까요. 지역을 불문하고 가톨릭 신앙을 가진 신도들은 하느님의 '백'(back)이 제일 세다고 재미있게 말하곤 하지요. 가톨릭교에서 교황은 지상에서 천상에 계신다는 하느님을 대표하는 인물이랍니다. 예수님의 제자 베드로가 로마에 세운 교회의 수장으로 2천여 년의 역사를 가진 자리인 셈이죠. 1945년 만들어진 유엔에 비하면 역사가 훨씬 길지요. 게다가 전 세계 가톨릭교회의 신부와 수녀들은 모두 교황이 정점을 이루는 피라미드 모양의 조직에 속한답니다.

국가들이 자국 영토를 행정 구역으로 나누어 지배하듯, 가톨릭교회는 교구로 세계를 나누어 관리하고 있습니다. 역사적으로 로마 제국이 무너진 뒤 가톨릭교회의 조직은 국가가 다시 만들어지는 데 모델의 역할을 했습니다. 교황은 세계적인 종교 지도자로서 수많은 사람의 존경을 한 몸에 받고 있지만 다른 종교를 가졌거나 아예 종교가 없는 사람에게는 의미가 크지 않겠지요.

다른 종교에도 지도자가 존재하기는 합니다. 그러나 가톨릭교회처럼 세계 차원에서 통일된 조직이 있는 경우는 드물지요. 예를 들어 그리스 정교는 나라마다 교회가 있어 자율성을 갖고 운영됩니다. 또 개신교나 이슬람, 불교 등은 종파가 여럿인 데다 각각의 교회, 사원, 절 등이 자율성을 갖는 경우가 대부분이죠. 가톨릭교회만큼 지구촌을 연결하는 탄탄한 조직을 찾아보기는 어렵습니다.

결론적으로 세상에서 제일 높은 사람을 찾는 질문에 정답은 없습니다. 하지만 질문을 생각해 보면서 높다는 것이 무엇을 의미하는지에 대해 우리의 사고를 발전시킬 수 있었습니다. 지위가 높다는 개념은 순수한 힘을 나타내는 권력보다는 권위라는 말에 더 가까울 것입니다. 사람들이 스스로 존경하고 복종하게 만드는 위세 말입니다.

이슬람의 예언자 마호메트를 투자해도 좋을까?

한국에서는 다소 생소하나 이슬람은 전 세계 10억 명 이상의 신도들을 대표하는 종교랍니다. 이슬람 종교를 창시한 예언자 마호메트는 기독교의 예수, 불교의 부처와 비슷한 존재라고 볼 수 있습니다. 여러분은 예언자 마호메트를 그림으로 표현하거나 풍자하는 자유에 대해서 어떻게 생각하나요?

이 문제를 제대로 이해하기 위해서는 역사와 문화적 배경을 살펴볼 필요가 있습니다. 기독교나 불교에서는 각각 예수와 부처를 그림으로 그리거나 조각으로 표현해 왔습니다. 신도들이 예술을 통해 신앙심을 고취할 수 있다고 본 것이죠. 유럽의 성당이나 박물관에는 십자가의 예수를 표현하는 그림들이 넘쳐 나지요. 또 절에만 가면 부처의 상을 쉽게 볼 수 있는 이유랍니다.

하지만 이슬람은 애초에 예언자를 그림이나 조각으로 표현하지 못하도록 했습니다. 그림이나 조각을 통해 신앙심을 표현하는 것은 '우상 숭배'에 해당한다고 보기 때문이지요. 이슬람 문명권의 예술품들이 그림보다는 글자를 활용해 무늬를 만들어 놓은 모습을 자주 볼 수 있는 배경입니다.

다른 문명과의 교류가 적었던 과거에는 각각의 문명권이 자신의 규칙을 지키면서 살아가면 아무런 문제가 없었습니다. 그런데 여러분도 잘 알다시피 21세기는 국제적 교류가 너무나 빈번하고 수월한 시대입니다. 누구나 원하는 메시지를 만들어 SNS에 올리면 실시간으로 전 세계인이 동시에 볼 수 있는 시대가 되었습니다.

표현의 자유와 문화적 존중의 균형

유럽이나 미국 등 서구의 민주 사회에서는 사회 현상을 그림으로 풍자하는 전통이 있습니다. 정치, 경제, 문화, 종교 등 분야를 막론하고 어떤 주제라도 풍자의 대상이 될 수 있다는 것이 민주 사회의 기본 권리인 표현의 자유에 해당한다고 보기 때문이죠. 따라서 최고의 권력자인 대통령이나 교황과 같은 종교 지도자는 물론, 신이나 예언자도 만평이 대상이 될 수 있습니다.

프랑스의 〈샤를리 에브도〉라는 주간지는 만평을 많이 싣는 잡지였는데 이슬람의 예언자 마호메트도 예외가 아니었습니다. 자연스레 유럽에 사는 상당수의 이슬람 신도들이나 이슬람 국가 출신 이민자들의 불만은 커졌습니다. 그러다 2015년에는 이슬람 극단주의 테러리스트들이 〈샤를리 에브도〉 잡지사의 회의실에 중무장한 채 나타나 12명의 언론인과 직원, 경찰 등을 살해하는 비극이 발생했습니다.

이유 여하를 막론하고 사람을 마구 죽이는 테러 범죄는 어떤 설명으로도 정당화할 수 없습니다. 자신의 마음에 들지 않는다고 극단적 폭력을 사용하는 것은 어느 사회라도 용납할 수 없는 일이니까요. 하지만 표현의 자유와 문화적 존중의 균형을 잡는 일은 쉽지 않습니다.

누구라도 비판할 수 있는 표현의 자유가 더 중요할까요? 아니면 표현의 자유가 침범할 수 없는 보호의 영역을 만들어야 할까요? 현재 민주 국가에서도 표현의 자유가 완벽하게 보장되지는 않습니다. 나라마다 차이는 있으나 개인의 명예를 훼손하거나 증오심, 폭력 등을 유발하는 표현은 법적 제재의 대상이지요. 실제로 〈샤를리 에브도〉와 같은 풍자 잡지는 항상 소송에 시달리기 마련입니다. 프랑스 법체계는 그나마 표현의 자유를 상당히 보수적으로 조절하고 있는 편입니다. 반면 미국은 프랑스보다 더 개방적인 표현의 자유를 허용하고 있답니다.

각각의 나라는 표현의 자유에 대한 고유의 전통을 갖고 있는데, 이슬람 국가의 입장에서는 다른 나라의 문제에 개입을 고민하게 만드는 상황이 발생한다는 사실입니다. 이란 정부가 『악마의 시』라는 소설을 쓴 영국 작가 살만 루시디에 대해 사형을 선고하고 누구라도 집행하라는 명령을 내린 사건은 국제 사회에서 유명합니다. 이란 정부가 루시디의 작품을 신성 모독이라고 판단했기 때문입니다. 그 작가는 평생을 숨어 살아야 하게 된 것이죠.

기술의 발달로 세계가 가까워지면서 이런 종류의 문화적 차이는 앞으로 더 부각될 수밖에 없을 것입니다. 한편에게는 표현의 자유지만 다른 편에게는 치명적 상처가 될 수도 있는 상황입니다.

사실 국제 사회에서 신성 모독에 해당하는 심각한 주제가 아니더라도 우리는 일상의 SNS에서 표현의 자유와 문화적 존중의 균형에 관련된 문제를 쉽게 발견합니다.

26

쌤썽과 훈다이라고?

쌤썽과 휸다이는 한국의 대표 기업이라고 할 수 있는 삼성과 현대를 외국인들이 부르는 이름입니다. 물론 쌤썽이나 휸다이는 영어를 사용하는 사람들의 발음 방식이구요, 프랑스어 사용자라면 쌈쑹이나 윤다이라고 부르겠지요. 같은 기업이라도 부르는 방식은 나라나 언어, 문화마다 조금씩 다릅니다.

비단 기업뿐 아니라 사람의 이름도 마찬가지입니다. 저는 한국 이름이 조홍식인데, 초등학교 6학년 때 아프리카의 가봉에 갔습니다. 가봉은 프랑스어를 사용하는 나라였는데, 선생님이 출석을 부르면서 "쇼 옹그 씨크!"라고 하는 거예요. CHO HONG SIK을 프랑스식으로 발음한 것이었지요. 중국 아이가 우리 반에 있나 하고 사방을 둘러보았는데, 사람들이 모두 저를 쳐다보고 있었습니다. 제 이름이라는 것을 그제야 알아차리게 되었답니다.

이처럼 호칭이 다양해진다는 사실은 그만큼 국제적 교류가 많아진다는 의미겠지요. 한국 사람은 한반도에만 살고, 한국 기업은 한국에서만 활동한다면 이런 신기한 호칭으로 불릴 일은 없을 것입니다. 앞서 외국어를 배움으로써 새로운 세상을 갖게 된다고 설명했지요. 자신의 이름조차 새로운 방식으로 불리게 되는 사례만 보더라도 이해가 갈 것입니다.

삼성은 한국인에게 무척 익숙한 브랜드입니다. 세계적으로도 삼성의 전자 제품은 지구촌 곳곳에서 수많은 사람이 애용하고 있지요. 특히 삼성의 스마트폰은 미국의 애플과 함께 세계 시장을 지배하는 대표적인 브랜드입니다. 그런데 현재 삼성의 스마트폰을 주로 생산하는 나라는 한국이 아니라 베트남입니다. 보다 정확하게 말하면 한국, 미국, 일본, 중국, 대만 등 다양한 나라에서 생산한 수많은 부품을 베트남 공장에서 조립하는 것이지요.

미국의 애플사에서 만든 아이폰을 보면 중국 제조(Made in China), 캘리포니아 디자인(Designed in California)이라고 적혀 있습니다. 미국이라는 국가가 아닌 캘리포니아라는 지역을 내세운다는 사실도 독특합니다. 미국 서부에 있는 캘리포니아주는 매우 자유롭고 선진적인 지역이라는 이미지를 갖고 있습니다. 미국 영화계의 수도라 할 수 있는 할리우드와 첨단 산업의 중심인 실리콘밸리가 모두 캘리포니아에 있거든요. 제조는 임금이 저렴한 중국에서 하지만 아이폰을 구상하고 계획한 것은 선진적인 캘리포니아라고 강조하는 것입니다.

애플 아이폰의 사례가 무척 흥미로운 이유는 아이폰을 제조하는 회사는 폭스콘이라는 대만의 기업이라는 점입니다. 미국 캘리포니아의 애플사가 아이폰을 설계하여 대만 폭스콘에 주문을 넣으면, 폭스콘은 중국의 광둥이나 허난성 공장에서 다양한 국가에서 끌어모은 부품을 조립하여 아이폰을 만들어 냅니다.

스마트폰만 이렇게 국제적인 생산 과정을 거치는 것은 아닙니다. 현대는 자동차 제조업으로 유명하지요. 현대 자동차는 국내에서 자동차를 만들기도 하지만 미국, 중국, 슬로바키아, 인도 등 세계 각지에 생산 공장을 보유하고 있습니다.

여러분은 BMW라는 자동차 브랜드를 들어 봤나요? 애플하면 캘리포니아를 떠올리듯, BMW란 바이에른(Bayerische)의 자동차(Motoren) 회사(Werke)의 준말입니다. 바이에른은 독일에서 가장 부유한 남부 지방의 주(州)입니다. 축구로 유명한 '바이에른 뮌헨'을 생각하면 간단합니다. 이 회사도 세계적 생산망을 가지고 있어 중국에서 BMW를 만들기도 합니다. 자동차는 똑같고 가격이 비싸더라도 한국 소비자들은 중국산이 아닌 독일산 BMW를 선호한다고 합니다. 인식이 얼마나 인간을 지배하는지 잘 보여 주는 사례지요.

똑같은 BMW라도 독일산이 좋아

스마트폰과 자동차에서 볼 수 있는 국제적 생산 시스템은 사실 요즘 어느 상품이라도 마찬가지로 나타난답니다. 운동화처럼 비교적 단순한 상품도 세계 각지의 재료와 노동이 어우러져 만들어지는 것이죠. 이런 생산의 연결 고리를 '세계적 생산 사슬'(Global Production Chain)이라고 부른답니다. 생산 사슬에서 부를 가장 많이 만들어 내는 국가가 되려고 서로 경쟁하는 것이 세계 경제입니다.

예를 들어 카카오 열매라는 원재료를 생산하는 나라는 아프리카의 코트디부아르라는 곳인데, 실제 카카오로 초콜릿을 만들어 비싼 가격에 판매하는 회사는 스위스의 네슬레 같은 대기업입니다. 또 세계에서 제일 큰 화장품 회사는 프랑스의 로레알이라는 곳인데 동남아에서 생산한 종려나무 기름을 활용하여 화장품을 만들어 내지요. 세계 경제의 부국과 빈국을 나누는 중요한 기준이 바로 생산 사슬에서의 위치라고 볼 수 있습니다.

차 타기와 걸기, 뭐가 더 효율적일까?

차 타기와 걷기 중에 무엇이 더 효율적인지를 비교하는 건 정말 어리석은 질문이라고 생각할지도 모르겠습니다. 하지만 때로는 바보 같은 질문이 실제로 똑똑한 질문이 될 수도 있답니다. 효율성은 다양한 의미가 있어 이 질문은 우리가 평소에 그냥 지나쳐 버리는 많은 것들을 다시 생각하게 만듭니다.

여러분도 차를 타는 것이 걷는 것보다 당연히 효율적이라고 생각하지요? 여기서 효율적이라는 것은 무엇을 뜻할까요? 차를 타면 걷는 것보다 빨리 가기 때문에 효율적이라고 말할 수 있습니다. 시간은 효율성에서 상당히 중요한 변수가 될 수 있으니까요.

하지만 시간의 기준만 놓고 보더라도 차 타기가 걷기보다 항상 효율적인 것은 아니랍니다. 사고가 나거나 차량 정체가 심할 때는 오히려 걸어가거나 뛰어가는 것이 차를 탈 때보다 빠를 수 있지요. 어떤 경우에는 차를 세울 주차 공간이 마땅치 않아 약속에 늦는 경우도 많습니다. 차를 버리고 갈 수도 없고 어딘가 주차는 해야 하니까요. 단순한 평균 소요 시간이 아니라 예측 가능성 측면에서 따진다면 걷기가 차 타기보다 훨씬 우수한 이동 수단입니다. 차가 막히는 정체 현상은 흔하나 사람이 막혀 길을 걸을 수 없는 경우는 거의 없으니까요.

자동차를 몰기 위해 드는 돈을 따져 보면 차 타기는 정말 비효율적인 이동 수단입니다. 자동차 한 대가 얼마나 비싼가요. 소형 자동차 한 대를 사려 하더라도 최저 임금을 받는 사람이라면 일 년 급여를 고스란히 모아야 합니다. 게다가 자동차를 몰려면 보험도 들어야 하고 기름도 넣어야 하지요. 관리비가 만만치 않답니다.

빨리 이동하려고 차를 굴리면 인생에서 몇 년은 그 비용을 마련하기 위해 애써야 합니다. 남들보다 좋은 차를 타겠다고 더 큰 지출을 하면 그것을 위한 희생은 더 커집니다. 또 차를 많이 타고 다니면 운동 부족으로 건강이 나빠지니 신체 활동을 늘리기 위해 따로 헬스클럽도 다녀야 합니다. 그러면 또 일을 더 해야 합니다.

이렇게 하나하나 따져 보면 차 타기가 정말 효율적인 삶의 방식인지 확신하기는 쉽지 않습니다. 개인의 차원에서 따져 봐도 계산이 이렇게 불확실하지만 사회 공동체의 차원에서 살펴보면 더욱 복잡합니다. 자동차가 보편적인 교통수단이 되면 환경 문제는 심각한 지경에 이르기 때문이죠. 사람들이 호흡하는 공기의 질은 점점 나빠지고, 지구 온난화로 기후가 엉망이 됩니다.

66 인류의 삶을 지속하려면?

이반 일리치(1926~2002)라는 오스트리아의 철학자는 현대 문명의 이런 다양한 문제점을 날카롭게 지적했습니다. 『절제의 사회』,『행복은 자전거를 타고 온다』,『학교 없는 사회』,『병원이 병을 만든다』 등 흥미를 자극하면서 우리 삶을 되돌아보게 만드는 책들을 썼습니다.

일리치는 애초의 목적과 그 목적을 달성하기 위해 이용하는 수단이 뒤섞인 다음, 주객이 전도되어 버리는 현상을 지적했습니다. 원래 자동차를 발명했을 때는 특정한 일을 위해 빨리 이동하는 것이 목표였겠지요. 하지만 자동차를 위해 점차 흙길을 아스팔트로 포장하고 도시를 자동차 중심으로 계획하고 국토 전체를 고속 도로 위주로 파헤칩니다.

선진국에서 멋진 자동차를 대량 생산해 내고 고속 도로로 쌩쌩 차들이 달리는 모습을 보면 개발 도상국도 따라 하기 마련이지요. 제가 2000년대 초 중국에 갔을 때 대도시에는 자전거를 타고 출퇴근하거나 등하교하는 사람들이 무척 많았습니다. 하지만 20년 뒤 중국은 다른 선진국과 마찬가지로 자동차 사회로 변했지요. 세계 최대의 자동차 시장이 되었고 그로 인한 엄청난 매연은 환경 문제를 발생시키며 이웃 한국으로까지 대기 오염을 전파하고 있습니다.

인간의 편의를 위한 자동차의 발명이 오히려 인간의 삶을 좀먹는 암의 존재처럼 되어 버린 셈입니다. 아마 세계 대도시에서 주차를 위해 낭비되는 공간만이라도 인간을 위해 사용한다면 도시 주택 문제는 쉽게 해결될 가능성이 큽니다.

자동차나 교통수단으로 인한 심각한 인류의 문제는 하나의 사례에 불과합니다. 지구에서 인류의 삶을 지속하기 위해서는 다양한 분야에서 국제적 협력이 필수적입니다. 나라 간에 머리를 맞대고 직면한 문제를 뿌리부터 고민하고 해결책을 도모하는 일이 시급합니다.

28

강대국만
핵무기를
가져야 할까?

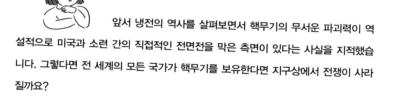

앞서 냉전의 역사를 살펴보면서 핵무기의 무서운 파괴력이 역설적으로 미국과 소련 간의 직접적인 전면전을 막은 측면이 있다는 사실을 지적했습니다. 그렇다면 전 세계의 모든 국가가 핵무기를 보유한다면 지구상에서 전쟁이 사라질까요?

인류 역사에서 핵무기를 실전에서 사용한 것은 제2차 세계 대전에서 미국이 일본을 상대로 핵폭탄을 투하한 것이 유일합니다. 1945년 8월 미군은 일본의 산업 도시 히로시마(6일)와 나가사키(9일)에 핵 공격을 감행하였고, 즉사한 피해자만 히로시마 7만 명 이상, 나가사키 4만 명 이상이었다고 합니다. 일본은 원자폭탄의 엄청난 파괴력 앞에서 마침내 무릎을 꿇고 천황이 항복을 선언하기에 이릅니다. 8월 15일 일본의 패전일이 한국의 광복절이 된 연유입니다.

미국의 원자 폭탄 사용으로 제2차 세계 대전은 신속하게 종결될 수 있었지만 많은 윤리적 문제를 남긴 것도 사실입니다. 다수의 민간인이 생활하는 도시를 순식간에 파괴함으로써 대량 학살을 초래한 것은 물론 방사선의 장기적인 악영향 때문에 피해 시민들은 수십 년간 정상적인 생활을 못하게 되었답니다. 또 많은 일본인이 자신들이 저지른 과오는 잊고 전쟁의 피해자라는 인식만을 갖게 되었습니다.

153

미국이 사용한 원자 폭탄의 파괴력을 목격한 세계 강대국들은 경쟁적으로 핵무기 개발에 뛰어들었습니다. 핵무기의 보유 여부에 따라 전쟁의 결과가 너무나 명백하게 달라졌기 때문입니다. 소련이 미국 다음으로 핵무기 개발에 성공했고, 이어서 영국, 프랑스, 중국이 핵무기를 보유하는 국가로 등장했습니다.

이 다섯 나라는 모두 제2차 세계 대전 연합국이자 승전국이며 유엔의 안전 보장 이사회 상임 이사국이라는 공통점을 갖고 있습니다. 말하자면 제2차 세계 대전이 종결되고 세계 질서를 새로 구상하는 시점에서 가장 강력했던 국가들이라고 볼 수 있지요. '안전 보장'은 안보, 즉 군사 문제를 다루는 회의라고 보면 됩니다. 그곳의 상임 이사국이란 항상 참여하는 회원국이라는 뜻이지요. 200여 회원국 가운데 상임 이사국은 위의 다섯 나라뿐이고, 나머지는 돌아가면서 회의에 참여하는 비상임 이사국이 되는 것입니다.

강대국의 기득권만 인정한다고?

핵무기가 미국 한 나라에서 소련, 영국, 프랑스, 중국 총 5개국으로 확산되자 강대국들은 핵무기의 전파를 막아야겠다는 생각을 갖게 됩니다. 그 결과 1968년 유엔을 통해 핵 확산 금지 조약(NPT, Nuclear Nonproliferation Treaty)을 추진하여 기존 보유국을 제외하고는 핵무기를 금지하는 합의를 이끌어 냈습니다. 말하자면 이미 핵무기를 가진 강대국의 기득권은 인정되고 더 이상의 확산은 막겠다는 논리입니다. 물론 이 조약은 기존의 핵보유국도 점진적으로 핵무기를 폐기해야 한다고 명시하고 있습니다. 다만 시한을 못 박아 정해 놓은 것은 아니기에 실효성이 떨어지는 조항이 되었습니다. 기존 5개의 핵보유국 가운데 실제 핵무기를 전부 폐기하고 포기한 사례는 없으니까요.

1970년 발효된 NPT 조약에도 불구하고 국제 무대에서 핵확산의 현상은 계속되었습니다. 남아시아의 인도와 파키스탄, 동북아시아의 북한 등은 핵 실험을 통해 핵무기 보유 국가임을 세계에 공표한 사례입니다. 서남아시아의 이스라엘은 핵 실험을 하지는 않았지만 핵무기나 폭탄 제조 기술을 보유하고 있을 것으로 추정되는 나라입니다.

북한은 가장 최근인 2006년부터 핵 실험을 여러 차례 실행했고 그 때문에 유엔을 통한 각종 제재를 받고 있습니다. 북한이 핵무기를 보유하는 군사 강국으로 자리 잡게 되면 동북아시아에는 중국, 북한 등 다수의 핵보유국이 집중되는 결과를 낳으며, 궁극적으로 일본이나 한국도 핵 개발에 나설 가능성이 커지게 됩니다.

2017년에는 핵무기 폐기 국제 운동(ICAN, International Campaign to Abolish Nuclear Weapons)이 유엔에서 핵무기 금지 조약을 추진하는 데 성공하였고, 같은 해 노벨 평화상을 수상했습니다. 핵무기를 지구상에서 사라지게 만드는 것이 목적인 이 조약은

2021년 발효되었지만, 기존의 핵보유국이나 그 동맹국들은 이 조약에 가입하지 않았습니다.

조약에 가입하게 되면 핵무기를 생산하거나 구매, 보유하는 것이 모두 금지되기 때문입니다. 현재 조약에 가입한 50여 개국은 대개 라틴 아메리카나 아프리카 등의 국가들입니다. 한국의 경우 중국이나 북한이 핵무기를 보유한 상황에서 미국 핵우산의 보호를 받는 입장이기에 조약에 가입하지 않은 상황입니다.

29

틱톡 하세요?

팔로잉 | 추천

@ 나무를 심는 사람들
#질문하는 사회 #국제 정치
♫ ……

인터넷에 짧은 동영상을 올려 공유하는 틱톡 앱이 한국에서 10대 청소년들의 인기를 끌고 있지요. 외국에서는 어른들도 틱톡에 재미를 붙여 많이 활용하고 있습니다. 그런데 지난 2020년 중국 기업 틱톡이 프로그램을 통해 미국인의 정보를 유출하고 안보 우려도 제기된다며 미국의 트럼프 전 대통령은 틱톡을 금지하려 했습니다.

미국과 중국은 21세기 세계의 주도권을 놓고 다투는 강대국들입니다. 현대 사회에서 정보 통신 분야는 지구촌을 하나로 묶는 중요한 영역이지요. 따라서 중국과 미국은 점점 더 많은 분야에서 충돌을 일으키고 있습니다. 틱톡의 사례는 말하자면 두 강대국 간에 벌어지는 분쟁에서 빙산의 일각일 뿐이지요.

틱톡보다 더 심각한 사례로는 5G 장비 문제를 들 수 있습니다. 5G(제5 세대)라 불리는 최첨단 통신망을 구축하는 과정에서 중국 기업 화웨이는 저렴하고 효율적인 장비와 부품을 제공할 수 있었습니다. 하지만 미국을 비롯한 일부 서방 국가는 중국의 장비를 사용할 경우 보안상의 문제가 ─ 예를 들면 정보가 중국으로 새 나가는 ─ 발생할 수 있다며 통신망 구축 과정에서 화웨이를 제외했답니다.

틱톡은 하나의 앱에 불과하나 화웨이의 장비는 통신망 자체에 깔리는 것이기 때문에 더 위험할 수 있다는 계산이지요. 해당 기업인 화웨이는 물론 중국 정부도 서방의 이런 조치가 부당한 것이라고 항의하고 있습니다. 서방 국가들끼리는 서로 외국 장비를 사용하면서 왜 중국 기업만 차별하느냐는 것이지요.

정보 통신망을 통한 지구촌 분쟁

중국의 주장도 일리는 있습니다. 중국뿐 아니라 어느 나라 기업의 장비나 앱이라도 마음만 먹으면 정보를 유출할 수 있습니다. 예를 들어 2013년 미국 국가 안전 보장국 요원이었던 에드워드 스노든이 미국의 정보기관도 다양한 정보를 통신망에서 빼내 시민을 감시하고 있다고 폭로한 바 있지요. 중국은 틱톡이나 화웨이의 경우, 그런 사례가 없었다고 주장합니다.

하지만 미국을 비롯한 서방 측에서 중국에 의심의 눈길을 보내는 것도 무리는 아닙니다. 중국은 국가의 권력이 공산당 정부에 집중된 나라입니다. 권력만 공산당 정부에 집중된 것이 아니라 정보도 정부가 독점적으로 관리하는 체제이지요. 서방의 인터넷에는 중국에 비판적인 정보들이 실려 있기에 중국 정부는 수많은 사이트를 차단하고 있습니다. 전 세계에서 일상적으로 사용하는 구글이나 페이스북을 중국에서는 사용할 수 없습니다. 미국의 〈뉴욕 타임즈〉나 프랑스의 〈르몽드〉 등 서방의 언론 사이트도 금지되어 있습니다. 여러분이 중국 여행을 가더라도 네이버에서 메일을 확인하는 것은 불가능합니다.

중국 정부는 자국의 사이트들을 상시 검열하여 민감한 정보
는 삭제해 버리는 역할도 합니다. 시진핑 주석이나 공산당에 대해
비판적인 기사나 정보는 체계적으로 없애 버리는 것이지요. 또 인
터넷은 물론 스마트폰, 거리의 감시 카메라 등을 통해 총체적인
사회 감시 시스템을 만들어 시민들의 일거수일투족을 들여다보
고 있습니다.

이처럼 우리가 사는 21세기의 특징은 지구촌이 촘촘한 정보
통신망을 통해 하나로 묶여 있다는 점입니다. 중국의 경우 국경을
통제하듯 정보 통신망에도 국경을 만들어 자유로운 정보의 소통
을 가로막고 있는 것이죠. 조지 오웰의 소설 『1984』에서 볼 수 있
듯 시민을 상시 감시하는 빅브라더는 중국에서 이미 현실이 되었
습니다.

중국보다 정도는 덜하나 미국이나 유럽, 한국 등에서도 정부
나 기업이 개인의 사생활을 들여다볼 수 있는 능력은 그 어느 때
보다 증폭되었습니다. 다행히 자유 민주주의 국가는 정보 통신 기
업이 소유하는 개인 정보를 정부가 마음대로 들여다볼 수 없는 정
치 체제입니다. 정부나 기업이 무리하게 사생활을 침범하면 사법
부의 제재를 받거나 시민들이 집단 항의를 할 수 있는 사회적 제
도가 마련돼 있기 때문입니다.

앞으로 지구촌의 많은 분쟁은 정보 통신망을 중심으로 벌어

질 가능성이 큽니다. 점점 더 많은 정보가 통일된 망을 통해 교환될 것이고, 국가와 기업들은 이 정보를 통제하기 위해 노력할 것이기 때문입니다. 정보가 결국 권력이나 부로 직접 연결되는 시대라는 의미입니다.

6장

국제 사회에도 공정한 심판이 필요하다

30 한국도 국제기구 하나 찜해 놓을까?

한국 외교가 국제 무대에 적극적으로 참여하면서 국제기구에서 일하고 싶어 하는 청소년들이 증가하고 있습니다. 국제기구에 대해 제대로 파악하는 것이 어느 때보다 중요한 시기라고 할 수 있지요. 경제 분야 국제기구인 세계은행(World Bank)과 국제 통화 기금(IMF)의 역대 총재를 한번 조사해 보세요.

세계은행 역대 총재의 공통점은 무엇일까요? 가장 눈에 띄는 공통점은 거의 모두 미국인이라는 사실입니다. 그럼 국제 통화 기금의 역대 총재는 어떨까요? 국제 통화 기금의 경우 국적이 다양해서 약간 헷갈릴 수 있으나 공통점은 여전히 유럽 사람들이라는 점입니다. 프랑스인들이 상당히 많은 편이지요. 또 다른 공통점은 세계은행이나 국제 통화 기금 모두 21세기 이전에는 남성이 총재 자리를 독차지했다는 점입니다.

미국과 유럽은 어떤 이유로 두 국제기구의 수장 자리를 독차지하는 것일까요? 제2차 세계 대전이 끝날 무렵인 1944년 7월 미국의 브레튼 우즈라는 휴양 도시에서 미국과 유럽 중심의 44개 연합국 대표들이 참석한 국제회의가 열렸습니다. 그곳에서 전쟁 이후 세계 경제 질서를 계획하고 설계했으며, 당시 미국과 유럽은 암묵적으로 세계은행과 국제 통화 기금의 리더십을 차지하기로 합의했던 것입니다.

하지만 이후 수십 년에 걸쳐 세계 질서는 크게 변화하였습니다. 아시아와 아프리카의 수많은 국가가 식민지에서 해방되어 신생국으로 등장한 것은 물론, 경제적으로는 미국과 유럽이 중심이 되는 대서양 시대에서 동아시아가 새롭게 부상한 태평양 시대가 되었습니다. 하지만 아시아에서 일본이나 중국이 세계 차원의 경제 강국으로 부상한 이후에도 세계은행이나 국제 통화 기금의 총재를 맡은 적은 한 번도 없습니다.

국제기구에는 강대국의 영향력이 작동해

유엔의 경우 실질적인 권한을 가장 많이 보유한 나라는 안전 보장 이사회의 상임 이사국 다섯 나라입니다. 유엔의 사무총장은 그야말로 행정적인 업무를 총괄하고 유엔을 대표하는 상징적 역할을 맡는다고 볼 수 있습니다. 그러나 미국, 소련(러시아), 중국, 영국, 프랑스 다섯 나라의 상임 이사국 출신이 사무총장을 맡은 적이 없다는 점에서 사무총장의 제한적 기능을 확인할 수 있죠. 전 세계 국가들이 모여 있는 유엔에서 사무총장이 되려면 강대국 사이에 합의를 도출하는 일이 중요합니다. 당연히 강대국 출신은 배제하고 중립적인 성향의 국가나 인물을 선택하기 마련이지요.

유엔은 여러 영역을 포함하는 종합적인 국제기구라고 할 수 있는데, 유엔 말고도 분야별로 굉장히 다양하고 많은 국제기구가 존재한답니다. 예를 들어 무역 분쟁을 해결하기 위해서 세계 무역

기구(WTO)가 있습니다. 미국과 유럽 연합이 항공기 산업을 두고 무역 분쟁을 벌일 때 공정한 심판을 받으려면 세계 무역 기구로 갑니다.

또 교육이나 문화에 관해서는 유네스코(UNESCO)가 있지요. 인류의 문화유산을 결정하는 것은 유네스코의 일입니다. 노동자의 일반적 권익을 보호하기 위해서는 국제 노동 기구(ILO)가 활동합니다. 아동의 강제 노동이나 인신매매 등 심각한 문제에 나서고 이주 노동자의 권익을 보호하는 데도 개입합니다.

지금까지 살펴본 다양한 국제기구의 사례가 알려 주는 교훈이 있습니다. 국제기구는 강대국들의 영향력이 작동합니다. 유엔의 안전 보장 이사회 상임 이사국 자리처럼 공식적으로, 또는 IMF나 세계은행의 총재 자리처럼 비공식적으로 말이죠. 하지만 강대국이라고 해서 마음대로 국제기구를 쥐고 흔들 수는 없습니다. 다른 강대국과 조정의 과정이 필요합니다. 너무 노골적으로 영향력을 행사할 경우 국제 사회의 비난의 대상이 되기 때문입니다.

한국은 국제기구를 쩜해 놓을 정도의 강한 영향력을 갖지는 못했습니다. 그러나 누가 보더라도 원칙에 충실하고 중립적 입장을 견지할 수 있다면 국제 사회에서 위상과 목소리를 높일 수 있습니다. 강대국과 약소국, 선진국과 개발 도상국, 서방과 비(非)서방 사이에 위치한 한국이야말로 국제 사회에서 적극적 중재 역할을 수행하기에 안성맞춤인 국가입니다.

31

세계 보건 기구가 중국의 눈치를 본다고?

코로나19의 세계적 대유행으로 여러분도 고생이 많지요? 한국 뿐 아니라 전 세계가 코로나로 인해 공중 보건 비상사태에 돌입했습니다. 이런 국제적 전염병이 발생하면 세계 보건 기구(WHO)는 질병을 잡기 위해 주도적인 역할을 담당하여 여러 나라 사이의 협력을 추진합니다. 그런데 코로나19와 관련해서는 세계 보건 기구가 신속한 대응에 실패하여 비판을 받았습니다.

앞서 강대국들이 국제기구에 상당한 입김을 행사하고 있다는 사실을 살펴보았습니다. 21세기에 신흥 강대국으로 부상한 중국도 예외는 아니지요. 중국은 자국민을 국제기구의 수장으로 추천하는 것은 물론 외국인도 적극 지원하여 친중 인사로 만들곤 한답니다. 이것은 비단 중국뿐 아니라 모든 강대국들이 사용하는 외교 수단이기도 하지요.

2021년 현재 세계 보건 기구의 사무총장은 에티오피아 출신의 테드로스 게브레예수스인데 그는 2017년 중국의 적극적 지원을 통해 세계 보건 기구의 총 책임자로 선출되었습니다. 그런데 2019년 말 중국에서 발생한 코로나19 바이러스 전염병이 주변 한국은 물론 유럽으로까지 전파되면서 세계 보건 기구의 기능이 갑작스레 지구촌 뉴스의 중심이 되었습니다.

신종 전염병이 발생하면 세계 보건 기구가 신속하게 조사하여 질병이 확산되지 않도록 조치를 취해야 합니다. 중국은 자국에서 시작된 전염병인 만큼 이것이 국제적 문제로 부각되는 것을 막으려 했습니다. 그런데 세계 보건 기구는 질병이 이미 대륙을 넘어 확산되는 과정임에도 불구하고 이를 국제적 비상사태로 선언하는 데 늑장을 부렸지요. 그러자 게브레예수스 사무총장이 중국의 눈치를 보느라 초기 대응에 실패했다는 비판이 국제 사회에서 제기되었습니다.

여러 가지 정황은 이런 비판을 가능하게 만들었어요. 예를 들어 게브레예수스 사무총장은 시진핑 중국 주석을 만나는 자리에서 마치 신하가 왕에게 하듯 무릎을 구부려 인사를 하였습니다. 아무리 중국이 강대국이지만 세계 보건 기구는 회원국이 200개나 되는 국제기구입니다. 세계 보건 기구의 대표가 중국의 신하처럼 행동할 이유는 전혀 없는 것이죠.

또 세계 보건 기구는 코로나 전염병의 명칭을 놓고도 중국의 입장을 대변하는 결정을 내렸습니다. 전염병 전문가들이 결정한 새 전염병의 학술적 명칭은 '사스-코브-2'(SARS-CoV-2)입니다. 중국은 사스라는 이름이 전면에 나올 경우 사람들이 중국을 연상할 것이라는 점을 잘 알았습니다. 2002년 겨울 중국에서 사스라는 전염병이 발생해 7개월 동안 774명이 사망했거든요. 그래서 중국은 질병 명칭에서 사스를 빼고 환자가 발생한 2019년의 숫자를 따서 그냥 '코비드19'(COVID-19)라고 부르기를 희망했습니다. 이 안건에서도 세계 보건 기구는 중국의 의지를 반영해 주었습니다.

중국은 세계적 재앙의 근원이 되어 버린 코로나19 유행이 자국에서 시작되었다는 사실이 부담스러웠습니다. 그래서 중국 내 언론에서는 코로나19를 중국으로 들여온 것은 외국인들이라고 주장했습니다. 2019년 우한에서 개최된 세계 군인 올림픽에 참여했던 미국인들이라거나, 외국에서 수입한 상품을 통해 병균이 들어왔다는 확인되지 않은 소문을 퍼뜨리기 시작한 것이죠. 이런 중국의 물타기 전략을 확인이라도 시켜 주듯 세계 보건 기구의 전문 조사단도 병균의 근원과 전파를 정확히 알 수 없다고 발표했습니다.

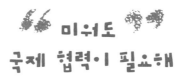

미워도 국제 협력이 필요해

중국의 이런 국제 전략에 가장 강력하게 반응한 것은 당시 미국의 트럼프 대통령이었습니다. 그는 코로나를 아예 '중국 바이러스'라고 부르면서 중국의 책임을 강조했고, 2020년 7월에는 세계 보건 기구에서 미국은 탈퇴하겠다고 통보했습니다.

중국이나 세계 보건 기구의 행태가 아무리 마음에 들지 않더라도 질병을 통제하고 관리하기 위해서는 국제적인 협력이 필수적입니다. 예를 들어 세계에서 마스크를 가장 많이 생산하는 것은 중국입니다. 또 세계 보건 기구는 백신을 선진국뿐 아니라 개발 도상국에도 전달하기 위한 국제 협력 정책을 펴고 있답니다. 2021년 취임한 미국의 바이든 대통령이 세계 보건 기구 탈퇴 절차를 중단한 이유지요.

코로나처럼 인간의 생명이 좌우되는 전염병을 놓고 국제 사회가 벌이는 힘겨루기가 실망스럽죠? 하지만 긍정적인 측면을 놓쳐서도 곤란합니다. 중국은 질병이 발생하자 신속하게 환자 상황을 분석해 전 세계에 정보를 공유했고, 백신도 국제 협력으로 무척 빨리 개발하는 데 성공했답니다. 실망스러운 부분들을 최소화하면서 협력의 장점을 키우는 노력이 필요한 이유랍니다.

누가 심판을 싫어할까?

19세기 영국에서 축구가 시작될 무렵 사람들이 심판을 거부했다는 사실을 아세요? 왜 그랬을까요? 당시 심판을 원치 않았던 것은 심판을 믿지 못해서가 아니랍니다. 심판의 존재 자체가 선수가 반칙할 수 있다는 가정을 전제로 하기 때문이죠. 선수들은 반칙을 의심받는다는 것만으로 자신들의 명예가 훼손된다고 생각했기에 심판을 원치 않았던 것입니다.

국제 관계에서도 명예가 중요하게 작용하던 시절이 있었습니다. 선전 포고라는 말을 들어 본 적이 있나요? 전쟁을 시작하기에 앞서 미리 전쟁을 시작한다고 상대방에게 알리는 일입니다. 제1차 세계 대전까지만 하더라도 전쟁을 시작하면서 선전 포고를 하는 일이 정상이었습니다.

하지만 제2차 세계 대전 때는 무작정 기습부터 하고 보는 관행이 만들어진답니다. 상대방에게 선전 포고를 하면 준비할 시간을 주는 셈이죠. 반면 가만히 있다가 갑자기 공격하면 무방비 상태의 상대방에게 치명적인 타격을 가할 수 있습니다. 1941년 12월 일본이 미국의 진주만을 공격한 것은 대표적인 사례입니다. 1950년 북한이 전쟁을 일으킬 때도 선전 포고 같은 것은 없었습니다.

국제 사회에서 명예를 중시하는 시대에서 이익을 더 중요하게 생각하는 시대로 이행된 셈이죠. 비겁한 기습을 하더라도 전쟁에서 이기기만 하면 된다는 생각 말입니다. 일본이 일으킨 태평양 전쟁과 북한이 벌인 한국 전쟁 사이에는 큰 차이가 있었습니다.

바로 1945년 10월 24일에 공식 출범한 유엔이라는 국제기구가 1950년에는 있었다는 점이죠.

한국 전쟁이 터지자 유엔은 안전 보장 이사회를 열고 북한의 도발에 대해 논의했습니다. 안보리의 상임 이사국이었던 소련은 회의 참석을 거부하는 보이콧을 했습니다. 자신들이 없으면 어떤 결정도 내리지 못할 것이라는 계산이 있었죠. 그러나 미국은 소련의 불참과 상관없이 유엔의 이름으로 한국 전쟁에 군대를 파견하기로 결정했습니다. 한국 전쟁이 북한 대 유엔군, 즉 침략군과 국제 사회의 대결 양상을 띠게 된 이유랍니다. 그런데 중국이 왜 유엔군의 파견에 찬성했는지 궁금하죠? 당시 유엔에서 중국을 대표하는 것은 대륙의 중화 인민 공화국(중공)이 아니라 대만의 중화민국이었거든요. 1971년까지 중화민국이 유엔의 안전 보장 이사회 상임 이사국의 자리를 차지하고 있었습니다.

심판의 역할을 하는 국제기구

한반도의 사례에서 우리는 심판의 중요성을 새삼 확인할 수 있습니다. 심판의 역할을 하는 유엔이라는 국제기구가 없었더라면 한국 전쟁은 단순히 남한과 북한의 전쟁, 그리고 공산권과 자유 진영의 대결이 되었을 것입니다. 그러나 유엔의 존재로 누가 국제 사회의 평화를 깨는 반칙을 했는지 명확히 규정할 수 있었습니다. 일반적으로 반칙을 하는 선수는 심판을 싫어합니다. 심판이 없다면 마구 반칙을 하고 나서 우기면 그만이거든요. 시작이 어찌 되었건 일단 싸움이 진행되면 싸우는 당사자들은 결국 비슷하게 평가를 받기 때문입니다. 하지만 심판이 존재하면 누가 처음 잘못을 했는지 밝혀내기 마련입니다. 국제 사회에서 국제기구는 심판의 역할을 한다고 볼 수 있습니다.

강대국들도 대부분 심판, 즉 국제기구를 그다지 좋아하지 않습니다. 자신들이 워낙 강하기 때문에 약소국과 1대 1로 맞붙어 협상을 벌이는 것이 더 이롭기 때문이지요. 힘의 논리가 작동하는 것이 제3자가 객관적으로 판단하는 것보다 유리하다는 말입니다.

예를 들어 국제 무역 분야에서 미국은 아주 오랜 기간 세계 무역 기구의 출범에 반대했답니다. 1944년 브레튼 우즈 협정에서는 국제 무역 기구(ITO)를 만들기로 합의해 놓고도 실제로는 국제기구의 설립을 가로막고 관세와 무역에 관한 일반 협정(GATT)으로 대체해 버렸습니다. 1995년이 돼서야 세계 무역 기구(WTO)가 출범할 수 있었던 이유지요. 반세기 동안 미국은 국제기구가 아니라 자신이 심판의 역할을 하려 했던 셈입니다.

하지만 장기적으로 보면 강대국도 국제기구의 존재가 필요합니다. 왜냐하면 직접적으로 상대방을 눌러 지배하려면 힘이 들기 때문이죠. 반면 원칙이 지배하는 사회는 힘이 훨씬 적게 듭니다. 중국 춘추 시대의 사상가 공자도 정치를 논하면서 제일 중요하게 여긴 것은 힘(군사력)도 아니고 밥(경제력)도 아니었죠. 공자는 백성의 믿음을 최고로 쳤습니다. 국제 사회에서 믿음이란 국제기구처럼 어느 나라나 인정할 수 있는 공정한 제도에 대한 믿음이라고 할 수 있습니다.

33

술탄이 이교도를 호위병으로 쓴 이유는?

오토만 제국이라고 들어 봤나요? 오토만 제국은 중앙아시아에 살던 투르크라는 유목 민족이 세운 거대한 나라였어요. 투르크 민족은 이슬람을 믿는 집단이었는데도 제국의 황제인 술탄은 기독교인들을 호위병으로 활용했답니다. 왜 그랬을까요?

투르크라는 민족은 중앙아시아를 무대로 삼고 있는 다양한 유목 민족들처럼 동아시아부터 유럽까지 방대한 영토에서 영향을 미치는 민족이었답니다. 동아시아의 역사에도 돌궐(突厥)이라는 민족이 등장하지요. 바로 투르크의 한자 표현이랍니다.

투르크 민족의 오토만 제국이 유럽까지 뻗어 나가 서구 문명을 위협하기 시작한 것은 15세기입니다. 1453년 투르크 군대는 동로마 제국의 수도인 콘스탄티노플을 함락시킴으로써 천 년 이상 지속된 로마 제국의 전통을 계승하겠다고 나섰습니다. 이후 콘스탄티노플을 중심으로 기존의 활동 무대였던 중앙아시아는 물론, 지중해를 통해 유럽과 북아프리카까지 확대된 영토를 차지하게 되었습니다.

오토만 제국은 15세기부터 제1차 세계 대전이 종결되는 20세기 초반까지 5백년 가까이 여러 대륙을 연결하는 거대한 나라였습니다. 황제는 술탄이라는 이름으로 불렸습니다. 로마의 황제를 카이사르, 러시아의 황제를 차르라고 부르듯 오토만의 황제는 술탄이라는 명칭으로 부른 것이죠.

술탄은 자신이 지배하는 유럽의 기독교 지역에서 남자아이들을 노예로 선발해서 장기간 군인으로 훈련시켰습니다. 그리고 이 아이들을 자신을 경호하는 호위대로 활용했던 것이지요. 기독교 지역에서 선발된 아이들이었기 때문에 황실이나 투르크 민족의 강력한 가문과는 아무런 관계가 없었습니다.

술탄은 바로 이 점을 노린 것입니다. 이슬람으로 개종한 아이들은 마치 황제를 아버지처럼 생각하고 충성을 다하는 군인으로 길들여졌습니다. 자신의 가족이 생기면 황제보다 가족을 더 챙길 것으로 보았기 때문에 40세 이전에는 결혼도 할 수 없었답니다. 예니체리라 불렸던 이 황제 친위대는 19세기까지 유럽에서 용맹을 떨치는 군대로 유명했습니다.

예니체리는 군대뿐 아니라 행정 분야에서도 훌륭한 인재를 많이 배출했습니다. 술탄을 보위하는 오토만 제국의 수많은 국가 지도자들은 예니체리 출신이 차지했죠. 이들은 자신의 출신 지역이나 가문을 챙기기보다는 술탄과 제국을 위해 모든 노력을 경주하는 세력을 형성했습니다.

제도를 운영하는 방식은 조금씩 다르지만 예니체리와 비슷한 사례는 여러 곳에서 발견할 수 있습니다. 한국이나 중국은 과거에 내시 제도를 운영했지요. 황제나 왕을 가까이에서 보조하는 역할이었는데 자신의 가족을 갖지 못하게 함으로써 권력자에게 충성하도록 만든 제도입니다. 고대 그리스나 로마에서는 노예들이 주인을 대신하여 사업을 하는 경우가 많았습니다. 생사가 주인에게 달렸기 때문에 친구나 친척보다 충성심이 강했기 때문이죠.

출신 국가보다 인류를 위해

현대 한국 사회의 다양한 부정부패 사건을 살펴보면 자신의 가족을 위해 무리한 행동을 한 것을 쉽게 발견할 수 있습니다. 그렇다고 인권을 존중하는 민주 사회에서 예니체리와 같이 무자비한 훈련을 시키거나 결혼을 막을 수는 없겠지요. 공직자들이 부당한 유혹에 넘어가지 않고 공익만을 위해 봉사할 수 있도록 보다 엄격하고 현명한 제도를 개발해야 하는 이유랍니다.

국제기구에서는 이런 문제가 더욱 예리하게 제기됩니다. 국가 기관에서 일하면서 자신의 가족이나 가문의 이익을 노리면 큰 문제겠지요. 마찬가지로 국제기구에서 일하면서 자신의 국가나 기업의 이익을 추구하는 일도 심각한 부정부패라고 볼 수 있습니다. 원칙적으로 국제기구의 공무원은 출신 국가를 대표해서는 곤란합니다. 오직 국제기구의 목적과 인류의 공익을 위해 봉사해야 합니다. 민족과 국가를 위해 일하는 것도 중요하지만 인류 공동체의 관점에서 세상을 바라보고 행동하는 사람들도 필요합니다.

국제 사회도 1국 1표가 공평할까?

국제기구에서 어떤 안건을 심의하고 결정을 내릴 때 각 나라의 비중을 어떻게 정해야 할까요? 민주 국가에서 투표를 할 때는 1인 1표의 원칙이 적용되지요. 그렇다면 국제 사회에서는 1국 1표, 즉 모든 나라가 한 표씩 행사하는 것이 공정한 원칙일까요?

민주주의를 지배하는 원칙은 모든 사람이 평등하다는 점입니다. 그래서 민주적 투표장에서는 모든 사람이 똑같이 한 표씩을 행사하지요. 세계적 차원에서 민주주의를 실시한다면 세계의 모든 사람이 똑같이 한 표씩을 갖는 제도를 생각해 볼 수 있을 것입니다.

국가는 국제 사회에서 자국민 전체를 대표합니다. 예를 들어 국제 연합(UN)에 가입하는 것은 시민 개개인이 아니라 국가랍니다. 따라서 유엔 총회에서 결정을 내릴 때는 회원국마다 한 표를 행사하도록 되어 있습니다. 국내 사회에서는 1인 1표, 국제 사회에서는 1국 1표의 원칙이 적용되는 셈이죠. 남북한은 1991년 유엔에 동시에 가입을 했습니다.

하지만 이것은 커다란 그림이기 때문에 세세한 부분까지 완벽하게 적용되지는 않습니다. 국내 사회에서도 1인 1표가 아닌 경우를 많이 찾아볼 수 있죠. 기업이 주식회사의 형식을 띠고 있을 때 결정 방식은 대부분 1주 1표라고 볼 수 있습니다. 많은 주식을 가지고 있는 사람은 그만큼 투표 비중이 높아지는 것이죠.

심지어 민주 국가의 정치 제도에서도 1인 1표가 아닌 경우가 있습니다. 미국은 대표적인 민주 국가이자 동시에 연방 국가입니다. 연방 국가는 여러 개의 주(States)가 연합하여 하나의 나라를 만든 것이죠. 영어로 미국은 United States of America(미합중국)입니다. 미국은 50개의 주가 있는데 이들은 상원에서 주마다 2개의 의석을 가진답니다. 인구가 많은 캘리포니아(3,951만 명)나 인구가 적은 와이오밍(57만 명)이 똑같이 2석씩을 갖는 거죠. 인구가 적은 주의 권리를 보호한다는 명목하에 만들어진 제도입니다.

미국의 하원은 인구에 비례하여 대표를 뽑기 때문에 당연히 인구가 많은 캘리포니아나 뉴욕은 의원이 많겠지요. 미국의 의회는 상원과 하원이 공존하기 때문에 인구 비례의 원칙과 주 사이 평등의 원칙을 적절하게 혼합했다고 볼 수 있습니다.

경제력이 강한 나라가 더 많은 투표권을 행사

국제 사회라고 반드시 1국 1표가 적용되는 것은 아닙니다. 국제 통화 기금(IMF)이라는 국제기구에 대해 앞에서 살펴보았지요. 이 기구는 나라마다 다른 투표 비중을 정해 놓고 있습니다. 경제력이 강한 나라가 더 많은 투표권을 갖는 것입니다. 예를 들어 2021년 현재 미국은 17.46%의 투표권을 행사하고, 일본(6.48%)과 중국(6.41%), 독일(5.6%), 프랑스(4.24%), 영국(4.24%)이 뒤를 잇고 있죠. 한국은 1.81%로 투표권 서열 16위를 차지하고 있습니다.

미국과 중국의 경제 규모가 비슷하고 인구는 중국이 오히려 훨씬 많다는 사실을 감안하면 중국이 불만을 갖는 것도 놀라운 일은 아니죠. 하지만 초기에 국제 통화 기금을 만들고 운영하는 데 중요한 역할을 담당해 온 미국은 일종의 역사적 기득권을 보유하고 있는 셈입니다.

유엔의 경우도 비슷합니다. 총회에서는 1국 1표의 원칙이 적용되나 전쟁이나 평화와 관련된 중요한 결정을 내리는 안전 보장 이사회에서는 5개의 상임 이사국이 역사적 기득권을 보유하고 있습니다.

교육, 과학, 문화와 관련된 국제기구인 유네스코는 1국 1표를 철저하게 적용하여 미국과 같은 강대국도 한 표밖에 행사할 수 없습니다. 미국의 외교 정책을 비난하는 표결이 자주 일어나자 미국은 1984년 유네스코에서 탈퇴했다가 2003년 돌아온 뒤, 2017년 다시 탈퇴하는 식의 행태를 반복했습니다.

인구에 기초한 1인 1표제, 그리고 주에 기초한 1주 1표제를 적

미국의 유네스코 탈퇴 이유 미국은 이스라엘과 혈맹 관계에 있어, 팔레스타인을 국가로 인정하지 않고 있다. 미국은 유네스코가 역사 유산과 관련된 문제에서 반이스라엘 성향을 드러내고, 친팔레스타인 입장을 보여 왔다고 주장하며 2017년 이스라엘과 동반 탈퇴했다.

절히 혼합한 미국의 연방 정치 제도는 국제 사회에 좋은 모범이 될 수 있습니다. 마찬가지로 유럽 연합은 인구에 기초한 유럽 의회를 운영하고, 결정을 내릴 때는 무척 복잡한 특정 다수결제(Qualified Majority System)를 운영합니다. 회원국 중 55%(27개 회원국 중 15개국) 이상이 찬성하고 인구의 65% 이상이 찬성하면 주요 사안을 의결토록 하여 소수의 권리를 최대한 보장하는 다수결 제도를 발명한 것이죠. 유럽 연합 인구의 35%를 대변하는 최소한 4개국 이상이 반대하면 모든 결정을 막을 수 있습니다.

35

국제기구는 왜 '종·이·호·랑·이'에 불과할까?

우리는 앞서 모순 어법이라는 표현을 배웠습니다. 냉전에 관해서 이야기를 하면서죠. '종이호랑이'도 이런 모순 어법에 속하는 표현입니다. 호랑이는 드센 몸집, 날카로운 발톱과 무서운 이빨로 정글의 왕이라고 할 수 있는데 종이로 만들어졌다면 무용지물일 테니까요.

원래 종이호랑이라는 표현을 사용한 사람은 중국에서 공산주의 혁명을 이끌어 성공한 지도자 마오쩌둥입니다. 그는 미국의 제국주의를 가리켜 저라오후(紙老虎), 즉 종이호랑이라고 불렀죠. 겉보기에는 무시무시해 보이지만 실제로는 종이처럼 취약한 존재라는 뜻입니다.

그런데 과연 미국이 종이호랑이에 불과한 것일까요? 1950년 한국 전쟁이 발발했을 때도 그렇고 지금도 여전히 미국은 세계에서 가장 강력한 군사력을 보유한 나라입니다. 종이호랑이가 아니라 실제로 무섭고 사나운 호랑이이자, 사자이며, 코끼리라고 할 수 있는 존재지요.

마오쩌둥의 표현은 사실 중국군의 사기를 북돋아 주기 위해 꾸며 낸 말이라고 해석할 수 있습니다. 중국 군인들이 세계 최강의 미국 군대를 만나 지레 겁을 먹을까 봐 용기를 내라고 종이호랑이 운운한 것이지요.

국제 사회에서 종이호랑이라는 표현이 적절하게 들어맞는 경우는 국제기구라고 할 수 있습니다. 국제기구의 가장 종합적이고 대표적인 유엔의 사례를 들어 보죠. 유엔은 약 2백 개 회원국을 보유하고 있는 강력한 조직입니다. 경제나 화폐, 무역, 보건, 스포츠 등 특정한 영역에서 활동하는 국제기구와 달리 유엔은 이 모든 기능을 총괄하는 역할을 담당합니다.

하지만 국제 분쟁이 발생할 때 유엔은 언제라도 동원할 수 있는 자신만의 군대가 없습니다. 아무리 작은 국가라도 대부분은 자신을 위한 군사력을 보유하고 있죠. 일본처럼 제2차 세계 대전 이후 헌법을 통해 전쟁과 군대를 포기한 나라도 자위대라는 이름으로 유사시에 대처할 수 있는 조직을 운영한답니다.

유엔은 외형은 대단해 보이지만 막상 국제 질서를 어지럽히는 세력이 나타나도 실질적으로 제압할 힘이 없다는 뜻입니다. 유엔이 어떤 결정을 내리더라도 이것을 집행하기 위해서는 회원국이 제공하는 군사력에 의존해야 합니다. 어느 회원국도 군사를 내주지 않으면 유엔의 결정은 그냥 상징적인 의미만 갖게 되는 것이죠.

한국 전쟁에 유엔군이 참전하게 된 것은 이미 살펴보았듯이 소련이 유엔 초기에 안전 보장 이사회 회의에 참여하지 않았기 때문입니다. 한국 전쟁 이후 소련은 자신의 실수를 깨닫고 회의에 매번 참석해 영향력을 행사하고 있습니다. 미국이나 서방 주도의 전쟁을 유엔의 이름으로 전개하기 어려운 조건이 된 것이죠.

1991년의 걸프 전쟁은 한국 전쟁과의 차이를 잘 드러내 줍니다. 여러분, 서남아시아의 지도에서 이라크와 쿠웨이트를 찾아보세요. 이라크는 상당히 큰 나라이고 쿠웨이트는 무척 작다는 사실을 쉽게 발견할 수 있습니다. 이라크는 1990년 약소국 쿠웨이트를 점령하여 합병해 버렸답니다. 국제 사회는 이라크에게 당장 군대를 철수시키라고 압력을 넣었지만 이라크는 막무가내였습니다.

미국은 이라크를 물러나게 하고 쿠웨이트를 다시 세우기 위해 39개국이 참여하는 국제 연합군을 형성해 쿠웨이트 재건에 성공했습니다. 제2차 세계 대전 이후 최대 규모의 연합군이 형성되었지만 유엔의 명의로 전쟁을 벌인 것은 아닙니다. 유엔이 이라크의 쿠웨이트 침공을 비난하는 다수의 결정을 내림으로써 간접적으로 미국 중심 연합군을 지원하는 데 그쳤습니다.

유엔의 이름으로 분쟁에 개입하는 경우는 안전 보장 이사회에서 합의를 볼 수 있는 제한된 경우랍니다. 대부분 한국 전쟁 때처럼 한쪽 편을 들어 전쟁에 참여하는 것이 아니라 분쟁에 돌입한 세력들 간의 충돌을 막기 위해 중간에서 자리를 잡는 평화 유지 활동입니다.

이런 경우 군대를 제공하는 것은 회원국들이고, 유엔은 이를 조직하고 운영하는 역할을 맡습니다. 이들은 유엔을 상징하는 푸른 헬멧이나 모자를 쓰기 때문에 블루 헬멧(Blue Helmet) 또는 블루 베레(Blue Beret)라고 부릅니다. 2021년 현재 유엔의 주도 아래 활동하고 있는 평화 유지군은 10만여 명에 달합니다.

7장

더 나은 세상으로

36

조선은 왜 일본의 식민지가 되었을까?

한반도는 1910년 일본에 합병된 이후 1945년 일본이 제2차 세계 대전에서 패망할 때까지 일본의 식민 지배를 받았습니다. 같은 동아시아에 위치한 한반도와 일본은 왜 이렇게 다른 길을 걷게 된 것일까요? 일본은 지배자가 되었고 한반도는 일본의 지배를 받는 식민지가 된 이유는 무엇일까요?

19세기와 20세기 동아시아의 역사를 이해하기 위해서는 지구 전체에 영향을 미치는 세계사를 알아야 합니다. 앞서 보았듯이 유럽 세력은 16세기부터 강한 군사력을 앞세워 세계의 바다를 누비며 식민지를 만들어 제국을 세우는 전략을 유지했습니다. 아메리카나 아프리카는 국가가 없거나 취약했기 때문에 유럽 세력들이 비교적 쉽게 차지할 수 있었지요.

반면 동아시아는 어떤 면에서 유럽보다 강력한 국가 조직이 있는 지역이었습니다. 중국은 2천 년 전 한(漢)나라 시대부터 강한 국가가 넓은 영토를 지배하는 전통을 갖고 있었지요. 한반도도 통일 신라 이후 하나의 국가를 형성하여 천 년 넘게 전통을 이어 온 지역입니다. 일본 또한 7세기 이후 하나의 나라를 만들어 강한 국가 정체성을 갖고 있었습니다.

유럽으로부터 거리도 제일 멀었지만 동아시아의 국가 전통은 유럽이 쉽게 이 지역을 넘볼 수 없게 만들었습니다. 하지만 1840년대 영국이 벌인 아편 전쟁에서 볼 수 있듯이 19세기가 되면 유럽이 동아시아까지 넘보는 시대가 되었습니다. 유럽에서 진행된 산업 혁명은 기술 혁신을 통해 유럽과 세계 다른 지역의 차이를 더 크게 만들었기 때문이지요. 이 시기를 동아시아에서는 서세동점(西勢東占)이라고 부릅니다. 서구 세력이 동아시아를 점령하려고 몰려오는 시대라는 말이죠.

서구 세력의 접근이 차단된 한반도

정도의 차이는 있지만 19세기 동아시아의 중국, 한반도, 일본은 공통적으로 서구 세력과 활발한 교류를 거부하는 쇄국 정책을 폈습니다. 유럽이나 미국 등 서방을 오랑캐라고 판단하고 교류를 막았던 것이죠. 그러나 중국은 아편 전쟁에 패하여 개항하였고, 일본은 1854년 미국의 함대가 강제로 개국을 시켰습니다. 지도를 놓고 보면 알 수 있듯이 한반도는 중국과 일본에 둘러싸여 서구 세력의 접근이 지리적으로 차단됐던 측면이 있습니다.

일본은 가장 신속하게 서구의 선진 국가를 모방하기 위해 움직였습니다. 본격적인 개방 이전에도 일본은 나가사키에 데지마라는 섬을 지정해 놓고 네덜란드 상인에게 교역을 허용했습니다. 일찍부터 서구의 지식이나 기술 등이 제한적이나마 일본에 전달되는 통로가 존재했던 것이죠. 나라가 개방되자 일본은 총력을 기울여 서유럽의 강한 국가처럼 되기 위해 노력했던 것입니다.

특히 정치적으로 일본은 1868년 메이지(明治) 혁명을 통해 새로운 국가를 만들기로 결정했습니다. 과거의 봉건적 제도를 타파하고 선진 문명과 제도를 도입하여 일본을 근대 국가로 키우는 데 적극적으로 나섰던 것이죠. 1876년 조선의 문을 열도록 강요한 것은 놀랍게도 서구의 세력이 아니라 일본이었습니다. 말하자면 1854년부터 1876년까지 일본은 선진 세력 배우기에 열중하는 동안 조선은 전통적 문화를 지키며 쇄국 정책에 머물러 있었던 셈이죠.

근대 국가를 만들려는 일본의 노력은 세계사에서 유래를 찾기 어려울 정도로 신속했고 성공적이었습니다. 제국주의가 세계를 놓고 대결하는 시대에 일본은 1894년 중국 청나라와 전쟁을 벌여 승리했습니다. 2천 년 동안 동아시아 질서를 지배해 온 대륙을 섬나라가 처음으로 누른 셈이죠. 이 청일 전쟁을 통해 일본은 대만을 식민지로 얻었고 조선에 대한 청나라의 영향력을 제거할 수 있었습니다.

일본은 또 1904년 러일 전쟁을 벌여 유럽 세력인 러시아를 누르고 승리를 거두었습니다. 청일 전쟁에 이어 러일 전쟁 역시 한반도를 차지하려는 제국주의 사이의 경쟁이었죠. 일본은 청나라와 러시아를 제거한 뒤 영국, 미국과 합의를 이루어 한반도를 식민지로 삼을 수 있었습니다. 조선이 국호를 대한 제국으로 바꾸고 개혁을 추진하는 등 노력을 경주했지만 일본의 침략을 막기에는 역부족이었죠.

일본은 대만과 한반도를 식민지로 차지한 것도 부족해 중국 대륙과 더 나아가 동남아까지 침략해 들어갔고, 마침내 미국을 상대로 태평양 전쟁을 벌였습니다. 1945년 일본의 패망으로 한반도가 해방된 것은 기쁜 일이었지만, 스스로의 힘으로 해방을 획득한 것은 아니었기 때문에 한반도는 다시 미국과 소련에 의해 양분되는 비극을 겪어야 했습니다.

한국 전쟁은 막을 수 없었을까?

한국 전쟁은 나라의 운명에서 국제 정치가 얼마나 중요한지를 일깨워 준 경험입니다. 한반도에서 내부 세력끼리 총칼을 겨누어 전쟁을 치르는 비극적인 상황은 삼국 시대 이후 처음이었습니다. 그리고 이 전쟁으로 인하여 한반도의 분단이 고착되는 결과를 낳았습니다.

앞서 일제 식민지에서 해방되는 과정을 검토하면서 한반도가 스스로의 힘으로 독립을 쟁취하지 못하고, 일본의 패망으로 38선을 경계로 각각 미국과 소련의 점령을 당하게 되었다는 사실을 살펴보았습니다. 서울에는 미군이, 평양에는 소련군이 주둔하면서 일본의 식민지를 이어 받아 외국 세력이 한반도를 통치하는 시기가 시작되었던 것입니다.

국제 정치의 관점에서 제2차 세계 대전 이후의 시기는 두 가지 특징을 드러내고 있습니다. 하나는 공산주의의 확산입니다. 세계 대전 이전까지 소련은 유일한 공산주의 국가였지만 전쟁에서 승리함으로써 유럽의 동쪽 절반을 차지하게 되었죠. 동독을 비롯해 폴란드, 헝가리, 체코슬로바키아, 루마니아, 불가리아, 유고슬라비아 등 공산 국가가 대폭 늘어났습니다.

이에 따라 두 번째 특징인 자유 진영과 공산 진영의 첨예한 대립이 생겼습니다. 미국은 유럽의 서쪽 절반과 일본을 점령하여 영향력을 행사하면서 공산 진영의 확산을 막으려고 나섰습니다. 한반도는 이런 국제 정치의 특징을 그대로 반영하는 현장이 되었

던 것이죠. 유럽이 양분되고 독일이 동 · 서독으로 분할 점령되었
듯이 한반도도 38선을 중심으로 남북 분할이 이뤄졌습니다.

1948년에는 남과 북에 각각 단독 정부가 수립되면서 대한민
국과 조선 민주주의 인민 공화국이라는 명칭으로 두 나라가 세워
졌습니다. 같은 시기 미국과 소련이 분할 점령을 했던 나라는 한
반도 말고도 독일과 오스트리아 두 곳이 더 있습니다. 독일은 동
서독으로 나뉘었기 때문에 한반도와 유사한 경우입니다.

오스트리아는 공산 세력과 자유 세력이 협력

하지만 오스트리아는 국내의 공산 세력과 자유 세력이 협력
하여 하나의 나라를 유지하는 데 성공했답니다. 미국과 소련이 한
반도를 분할 점령했더라도 꼭 분단국으로 남아야 하는 강제성을
띤 것은 아니었습니다. 해방된 나라의 정치 세력들이 책임감을 갖
고 장기적인 시각에서 민족의 운명을 위해 서로 양보를 했다면 분
단을 막을 수 있었다는 의미입니다. 이에 덧붙여 대한민국과 조선
민주주의 인민 공화국이라는 두 국가가 건립되었다고 해서 반드
시 전쟁이 뒤따라야 했던 것도 아니었습니다. 김일성이 주도하는
북한이 기습적인 남침을 감행한 이유를 알기 위해서는 당시 국제
사회의 배경을 이해해야 합니다.

첫째는 위에서 지적했듯이 당시가 소련을 위시한 공산 세력의 확장기였다는 점입니다. 소련은 북한에 무기를 제공하면서 한반도의 공산화를 부추겼습니다.

둘째는 당시 전 세계적으로 식민지 해방 운동에서 공산주의 세력이 강력한 힘을 발휘하고 있었다는 점입니다. 영국, 프랑스 등 제국주의가 자유 진영에 속해 있었기 때문에 식민지에서 이들과 투쟁하는 해방 운동은 제국주의의 반대편인 공산주의에 가까웠던 것이죠. 한반도에서도 공산 세력은 손쉽게 승리하여 통일을 이룰 수 있을 것이라고 계산했던 것입니다.

셋째는 바로 이웃 나라인 중국에서 다년간의 내전 끝에 공산당이 승리를 거두어 1949년 중화 인민 공화국이 출범했다는 점입니다. 소련, 중국, 북한 등 공산 진영에서는 공산화 승리의 기세를 몰아 한반도도 완전히 차지하려는 분위기가 형성되었습니다.

물론 이런 국제적 배경은 북한이 전쟁을 일으키게 된 요인을 형성하지만 북한의 직접적 책임을 면제해 주는 것은 아니죠. 북한의 공격으로 한반도의 공산화가 가시화되자 미국을 비롯한 자유 진영 국가들이 유엔의 깃발 아래 남한을 돕기 위해 참전했습니다.

영세 중립국 오스트리아 1938년 독일에 합병되어 제2차 세계 대전에서 패했지만, 성공적인 좌우 연립 정부 구성으로 연합국의 신뢰를 얻었다. 1945년부터 10년간 연합군이 분할 통치했으며, 1955년 오스트리아는 영세 중립국을 선언하며, 통일 국가를 이루었다.

전세가 남쪽으로 기울게 되자 이번에는 중국이 북측을 도와 전쟁에 개입함으로써 한국 전쟁은 본격적인 국제 전쟁의 양상을 띠게 되었답니다.

한국 전쟁은 3년간 계속된 뒤 승자를 가리지 못하고 휴전을 맞았습니다. 수백만 명의 사상자 규모가 말해 주듯, 동족상잔의 상처를 남긴 것은 물론 참전하면서 병력을 대거 투입했던 미국과 중국도 심각한 피해를 감수할 수밖에 없었죠. 이처럼 한국 전쟁은 필연이 아니라 많은 선택이 누적되어 만들어진 복합적인 결과라고 말할 수 있습니다. 미래의 전쟁을 피하려면 과거의 경험을 상세하고 객관적으로 분석해야 합니다.

38

왜 호주로 이민을 가고 싶어 할까?

세계 지도를 놓고 보면 호주와 뉴질랜드는 다른 대륙과 멀리 떨어져 바다에 둘러싸여 있는 나라입니다. 이 두 나라는 인구가 적은 편이기 때문에 이민자들을 받아들이는데, 전 세계에서 많은 사람들이 정착해서 살기 원한답니다. 무엇 때문에 두 나라는 그토록 인기를 끌고 있을까요?

오세아니아 또는 대양주라고 불리는 이 지역은 인류의 역사에서 가장 늦게 사람들이 진출해 정착한 땅이랍니다. 호주의 경우 6~7만 년 전부터 원주민들이 살기 시작했지만, 뉴질랜드는 불과 7백 년 전까지만 해도 사람이 살지 않는 무인 지역이었습니다. 유럽인들이 세계를 지배하기 시작한 시기에 이 두 나라는 영국의 식민지가 되었다가 독립하였죠.

사람들이 이민을 가고 싶어 하는 나라는 대개 생활 수준이 높은 잘사는 나라입니다. 호주와 뉴질랜드도 유럽이나 미국처럼 높은 생활 수준을 자랑하지요. 하지만 인구는 적은 편입니다. 뉴질랜드는 500만 명 정도에 불과하고 호주도 2,500만 명 수준이거든요. 자연은 넓고 생활 수준은 높은데 인구는 적으니 이민자를 받아들이기에 좋은 조건인 셈이지요.

호주와 뉴질랜드는 기후도 온화한 편입니다. 너무 더운 열대 지역이나 너무 추운 한대 지역을 벗어나 있기 때문이죠. 게다가 바다 한가운데 자리 잡고 있기에 외세의 침략을 받을 가능성도 적은 안전한 지리적 조건까지 갖추고 있습니다. 위협적인 이웃 때문에 막대한 군사비를 지출해 국경을 지켜야 하는 나라에 비하면 얼마나 편하겠습니까?

미국과 유럽은 똑같이 선진국이지만 경제와 사회를 운영하는 방식은 크게 다릅니다. 미국은 모든 분야에서 경쟁이 무척 치열하고 잦은 폭력에 사회가 시달리는 편이죠. 미국은 능력이 있고 사업을 하는 사람들에게는 천국이지만, 실업자나 취약 계층에게는 살아가기가 힘든 나라입니다. 경제는 순조롭게 발전해 나가는데 국민의 다수는 힘들게 사는 구조라고 보면 되지요.

반대로 유럽은 가난하거나 취약한 사람들을 적극적으로 보호하는 복지 사회입니다. 미국보다 폭력도 적고 안정적인 사회라고 볼 수 있지요. 하지만 이런 복지를 운영하기 위해서 세금을 많이 거두고 있습니다. 따라서 사업을 하거나 능력이 뛰어난 사람들은 불만이랍니다. 번 돈을 모두 세금으로 낸다고 불평하지요. 사회는 안정적이지만 경제는 빨리 발전하기 어려운 구조인 것이지요.

호주는 미국과 유럽의 장점을 섞은 모델

호주는 미국과 유럽의 중간 지점쯤에 있습니다. 호주는 미국과 비교해 폭력도 적고 복지도 발달해 있습니다. 그리고 유럽보다는 역동적인 경제 발전을 해 나가고 있지요. 미국의 비즈니스 국가와 유럽의 복지 국가를 적절하게 섞은 모델을 만들었다고 볼 수 있습니다. 이제 왜 호주로 많은 이민자들이 몰리는지 알 수 있겠지요?

호주의 대표적인 대도시 시드니의 인구 가운데 외국에서 태어난 사람이 무려 50%나 된답니다. 시드니에 가 보면 마치 세계 인종 전시장을 방불케 하지요. 검은 피부의 호주 원주민부터 영국이나 유럽에서 건너온 백인들, 중국, 한국, 일본 등에서 온 아시아인들, 그리고 가까운 인도나 동남아에서 온 사람들이 한곳에 어우러져 살고 있습니다.

물론 호주가 세계에서 몰려오는 사람들을 무작정 받아들이는 것은 아닙니다. 호주는 젊고 유능한 인재들을 선별하여 받아들이는 이민 정책을 시행해 왔습니다. 젊은이들은 아무래도 역동적으로 일하면서 미래에 가족을 형성해 국가 경제에 기여할 가능성이 큽니다. 특히 교육 수준이 높고 기술을 가진 젊은이들은 호주의 발전에 큰 힘이 됩니다.

여러분이 살아갈 21세기는 세계 각지로 사람들의 이동이 활발하게 이뤄질 것입니다. 2021년 현재 코로나 위기로 이동이 일시 중단되었지만, 야심 찬 젊은이들이 기회의 땅으로 이동하는 이민 현상은 수그러들지 않을 것입니다. 물론 미국이나 유럽에서 이민자들이 많아지자 반대하는 목소리도 강하게 표출되고 있습니다. 그러나 21세기는 결국 훌륭하고 활발한 인재를 얼마나 끌어

당길 수 있는지가 국가의 운명을 결정하는 중요한 요소로 작용할 것입니다.

이런 점에서 보수적인 동아시아 사회의 미래는 걱정스럽습니다. 지금까지는 인구가 늘어나는 추세였지만 앞으로는 인구 절벽을 맞아 고령화와 인구 축소가 심화돼 나타날 것이니까요. 자칫 잘못하면 한국의 인재들을 모두 외국 이민으로 빼앗겨 버리는 현상이 나타날 수도 있습니다.

39

버스 지붕에 몸을 붙여 버렸다고?

정차되어 있는 버스 지붕에 몰래 올라가 강력 접착제로 자신을 붙여 버리면 어떤 일이 벌어질까요? 일단 지붕의 사람이 위험하기 때문에 버스는 운행을 할 수 없겠지요. 내려오라고 해도 몸이 붙어서 내려올 수도 없을 거고요. 결국 경찰과 소방대원이 출동하고, 신문과 방송 기자들이 몰려오겠지요. 일부 사회 운동은 여론의 관심을 끌기 위해 이런 전략을 사용합니다.

인간이 땅이나 바닷속의 석탄, 석유와 가스를 개발하여 사용함으로써 인류는 커다란 발전을 이룰 수 있었습니다. 인간이나 동물의 에너지를 활용하던 시대에서 기계를 돌리는 산업화 시대로 진화할 수 있었지요. 문제는 석탄, 석유, 가스를 태우면 발생하는 탄소로 인해 지구의 기후가 변화하기 시작했다는 점입니다.

지구의 온도가 서서히 상승하면서 기후의 변화가 나타나고, 폭염이나 폭한, 태풍과 가뭄 등 극한적인 기후 현상들이 세계 각지에서 점점 더 빈번하게 발생하고 있습니다. "나 하나쯤 자동차를 모는 데 무슨 문제가 발생할까?"라고 생각할 수 있지만 지구에 수억 대의 자동차가 굴러가면 엄청난 재앙을 불러일으킵니다.

예를 들면 남극이나 북극, 그리고 높은 산에 있는 얼음이 녹아내리게 되고, 그 결과 바다의 수면이 높아지는 것이죠. 그러면 당장 바닷가에 사는 사람들은 생존의 터전을 잃게 됩니다. 한반도는 그래도 산악 지역이 많아 피할 곳이라도 있지만 지역이 낮은 섬나라는 국토가 전부 물에 잠겨 버릴 위험도 있습니다.

환경 운동을 하는 사람들은 전 세계인이 이런 위험한 상황을 인식하고 생활 습관을 바꿔야 한다고 주장합니다. 빠르면 빠를수록 좋은 결과를 얻어 낼 수 있다고 말합니다. 2018년 영국에서는 '멸종 저항'(Extinction Rebellion)이라는 이름의 단체가 만들어졌습니다.

멸종이란, 우리 인간의 활동으로 지구의 생물들이 죽어 가기 때문에 행동하고 저항하지 않으면 결국 모두 사라지게 될 것이라는 암울한 예언입니다. 인류가 다함께 강력하게 들고 일어나 저항해야 한다는 주장이지요.

멸종 저항, 경각심이 필요해

2019년 봄 영국에서는 4월 15일부터 열흘 이상 멸종 저항 단체가 전국적인 캠페인을 벌였습니다. 지구가 당면한 위험이 심각한 만큼 행동도 여론에 경각심을 안겨 줄 수 있도록 강력해야 한다는 논리를 폈습니다. 런던 도심 주요 장소에서 버스에 몸을 붙이거나 정부 건물, 증권 거래소 등에서도 건물에 몸을 부착했습니다. 왕래가 많은 거리에 배를 갖다 놓고 여러 명이 배에 몸을 붙이는 행동도 했고요.

이 뉴스는 전 세계에 퍼졌습니다. 황당하다고 생각되는 행동이었지만 기후 변화에 대해 사람들이 관심을 갖는 계기가 된 것은 맞습니다. 이 캠페인으로 런던 시민들은 많은 불편을 겪었지요. 이런 행동은 공공질서를 해치는 일입니다. 결국 1천 명이 넘는 멸종 저항 단체의 회원들이 체포될 수밖에 없었습니다. 이들은 자신의 행동으로 체포가 될 것을 분명히 알고 있었지만 그런 결과를 감내하면서 자신들의 주장을 세계에 알리고 싶었던 것이죠.

이 같은 환경 운동은 영국뿐 아니라 다른 유럽 국가나 미국에서도 활발하게 벌어집니다. 특히 유럽 대륙에서는 녹색 정치 세력이 국민들의 지지를 얻어 정부에 참여하고 있습니다. 유럽이 환경 보호 정책에 있어 가장 앞서 나가는 이유 가운데 하나죠. 아무래도 환경을 생각하는 정치 세력이 목소리를 내고, 특히 정부에 참여하게 되면 정책이 변화하기 마련이니까요.

물론 환경 운동을 비판하는 세력도 있습니다. 예를 들어 친환경적인 정책을 펴다 보면 석탄이나 석유, 가스 등의 산업은 타격을 입기 때문에 그들은 당연히 환경 운동을 반대하겠지요. 석유를 생산하는 서남아시아 지역 국가나 러시아, 베네수엘라 등도 반대 세력입니다. 또 반대까지는 아니라도 환경보다 더 중요한 문제가 있다고 생각하는 사람들도 있습니다. 예를 들어 환경 보호보다는 빈곤의 해결이 더 시급하다고 여기는 것이죠.

우주에 식민지를 만들 수 있을까?

40

인간은 태고 시절부터 하늘을 바라보며 많은 상상을 해 왔습니다. 요즘도 수많은 별이 반짝이는 밤하늘은 인간의 상상력을 자극하지요. 최근 영화 〈승리호〉에서 볼 수 있듯이, 미래에는 인간이 우주에 식민지를 만들어 살아갈 것이라는 생각은 공상 과학 소설이나 영화의 단골 메뉴입니다.

달은 우리가 가장 쉽게 생각할 수 있는 우주 탐험의 첫걸음일 것입니다. 이미 1969년 인간을 태운 우주선이 달까지 날아가 착륙하는 데 성공했습니다. 달 위에 내딛은 한 사람의 걸음이 인류의 커다란 진보라는 표현은 유명하지요. 하지만 정확하게 따져 보면 달에 첫발자국을 남긴 것은 미국의 계획이었고 미국인의 성공이었습니다.

인간이 달에 간 지 이제 반세기 이상이 지났습니다. 당시 미국이 거대한 자금을 투자해서 우주 탐사에 나선 것은 소련과의 경쟁이 중요한 요인이었습니다. 냉전이라는 국제 정치의 배경이 우주 탐사를 설명해 주는 배경이지요. 1991년 소련이 붕괴한 이후 전개된 탈냉전 시대에는 미국이 우주 개발에 예전만큼 큰 관심을 보이지 않았습니다.

우주 탐사 경쟁에 다시 불을 붙인 것은 21세기 중국의 부상이라고 할 수 있습니다. 중국은 달에 무인 탐사선을 착륙시키는 데 성공했습니다. 중국의 탐사선은 서구 문명에서 익숙한 아폴로와 같은 이름이 아니라 '달의 선녀'라는 뜻의 '창어'(嫦娥)라고 불립니다.

　로스앤젤레스를 뉴서울로 부르면 어떨까 하는 문제를 우리는 함께 생각해 보았습니다. 우주와 관련해서는 중국이 강대국으로 등장하면서 이런 문제가 자연스럽게 제기되고 있습니다. 미국은 서양의 전통을 따라서 그리고 중국은 중화 문명의 전통을 따라서 작명을 할 것이고, 우주 후발국이나 약소국들은 이를 따를 수밖에 없을 것입니다.

　20세기 중반 미국과 소련의 경쟁이 우주 개발에 박차를 가했듯이, 21세기 미국과 중국의 경쟁은 다시 우주로 향하는 두 나라의 노력을 이끌어 낼 것 같습니다. 어느 분야에서나 경쟁은 승리하기 위한 노력을 이끌어 내고 일정한 발전의 결과를 얻는 데 큰 도움이 된답니다. 하지만 경쟁이 너무 치열하면 오히려 나쁜 결과를 낳기도 합니다. 이기려는 마음이 앞서다 보면 반칙을 하게 되잖아요.

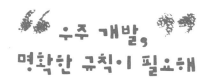

우주 개발, 명확한 규칙이 필요해

　경쟁의 발전적인 측면을 살리려면 규칙이 명확해야 하고 그 규칙을 지키게 할 수 있는 심판도 필요합니다. 규칙이 있어야 무엇이 반칙인지 알 수 있으니까요. 또 반칙한 사람이나 국가에 대해 제재를 가할 수도 있겠지요.

우주 개발에 있어서도 미국, 중국 등 국가 간의 경쟁이 노력을 이끌어 내는 측면이 있습니다. 하지만 우주 분야에는 경쟁의 규칙이 명확하게 정해져 있지 못합니다. 경쟁이 분쟁이나 투쟁으로 이어질 가능성이 높다는 말이죠. 따라서 이제라도 우주를 인류의 공동 자산으로 생각하고 미래를 계획하는 지혜를 모아야 합니다. 그것이 미국이 되었건, 또는 중국이 되었건, 특정 국가가 우주를 독차지하게 되면 전쟁이 일어날 가능성이 클 것입니다.

영화 〈승리호〉에서 우주 식민지는 특정 기업이 만들어 운영하고 있습니다. 국가가 아니라 기업이 우주 개발을 독점하면 문제는 더 심각할 수 있습니다. 영화에서 볼 수 있듯이 돈이 없는 사람은 발도 들여놓지 못하는 상황이 되니까요. 우주는 인류 모두의 것이며, 개발의 혜택이 전 인류에게 골고루 돌아가야 한다는 원칙을 확고하게 세울 필요가 있습니다.

아직 우주 식민지는 먼 미래의 이야기입니다. 보다 실현 가능한 계획은 우주 관광 정도입니다. 중국 작가 위화의 소설 『형제』에는 엄청난 부호가 된 사업가가 우주 관광을 떠나는 장면이 나옵니다. 실제 러시아는 2001년부터 2009년 사이 국제 우주 정거장(ISS, International Space Station)에 관광객을 보낸 적이 있습니다.

최근 미국의 아마존을 세운 기업가 제프 베이조스와 전기 차테슬라 회장 일론 머스크, 영국의 괴짜 사업가 리처드 브랜슨 등은 각각 우주 관광 시대를 열겠다고 프로젝트를 경쟁적으로 추진하고 있습니다. 2020년대는 우주 관광이 시작되는 시기일 것입니다. 현재는 우주여행의 비용이 크지만 여러분의 시대에는 기술의 발달로 우주여행이 비행기 여행처럼 일상적일 수도 있을지 모르겠습니다.

에필로그

오감으로 배우는
재미있는 국제 정치

마흔 개의 질문을 통해 세계를 살펴보는 여정이 어땠나요? 재미 있는 여행을 했는지 궁금합니다. 이 책의 머리 부분에서 우리는 우물 안 개구리의 이야기를 했습니다. 여러분이 방 안에 앉아 스 마트폰에 매달리거나 집에 콕 박혀 TV만 본다면 그건 바로 우물 안 개구리가 되는 지름길입니다. 물론 TV에도 유익한 다큐멘터 리도 많고 스마트폰을 통해 다양한 지식을 얻을 수 있습니다.

하지만 파편적인 지식을 하늘 높이 쌓아도 여러분 스스로 세 상을 바라보는 시각을 터득하지 못한다면 큰 도움이 되지 않습니 다. 조각난 지식은 어학 사전의 내용과 비슷합니다. 여러분이 국 어사전에서 ㄱ부터 ㅎ까지 단어를 외운다고 한국어를 멋지게 구 사하지는 못합니다. 영어도 마찬가지죠. a부터 z까지 모든 단어 를 사용해도 영어를 유창하게 말할 수는 없습니다. 문법을 알아야 만 문장을 만들 수 있고, 소통이 가능해지기 때문입니다.

학교에서 배우는 다양한 학문은 문법과 같다고 볼 수 있습니 다. 문법을 알아야 단어를 조립해서 문장을 만들 수 있듯이, 학문을 한다는 것은 세상에 가득한 지식을 조립하여 똑바로 바라볼 수 있게 만드는 방법입니다. 인터넷은 물론 책에는 수많은 다양한 지식이 담겨 있습니다. 학문에 힘쓴다는 것은 이런 지식 가운데 무엇이 유용한 것인지 골라내는 법을 익혀 적절하게 사용하는 방법을 배우는 셈입니다.

이 책에서 다룬 다양한 주제는 국제 정치학이라는 사회 과학 분야의 맛보기라고 할 수 있습니다. 오감으로 느끼는 국제 정치학을 한번 살펴볼까요? 보고, 듣고, 냄새 맡아 보고, 맛보며, 만지는 세계 말입니다.

시각은 눈으로 보고 느끼는 것이죠. 북극부터 남극까지, 남미의 아마존에서 아프리카의 나일강에 이르기까지, 아프리카의 사하라 사막부터 아시아의 지붕 티베트 산맥까지 지구는 아름답고 다양한 풍경의 파노라마를 연출합니다. 각양각색의 모습을 띤 지구촌의 아름다움은 사람들이 관광을 즐기는 이유이기도 하지요. 지도를 살펴보면서 지역별 풍경을 상상하고 각각 독특한 자연과 기후 속에서 인간 집단이 어떻게 살았는지를 탐구해 보는 일은 얼마나 재미있나요.

청각으로 국제 정치학에 접근할 수 있을까요? 당연합니다. 여러분이 즐기는 올림픽이나 월드컵, 각종 스포츠의 세계 선수권 대회만 보더라도 국가(國歌)가 연주되곤 합니다. 국가는 특정 민족이나 집단의 음악적 감각과 전통을 반영합니다. 언어 역시 청각으로 느끼는 국제 사회의 모습이라고 말할 수 있습니다. 새들이 각각의 소리를 내듯 사람도 사용하는 언어가 다 다르니까요.

후각과 미각은 요리를 통해 함께 느껴 볼 수 있습니다. 한국 사람은 김치의 시큼한 냄새와 매운맛으로 민족적 정체성을 느낄 수 있습니다. 일본은 전통적으로 마늘을 요리에 사용하지 않음으로써 독특한 요리법을 고집하고 있습니다. 개구리를 즐겨 먹는 프랑스 사람들과 토끼 고기를 애용하는 이탈리아 사람들도 다른 문화권에서는 특이해 보입니다. 21세기에 세계인이 즐겨 먹거나 마시는 음료만 보더라도 국제 정치학이 제공하는 세상을 읽는 문법의 중요성을 알 수 있습니다. 중남미의 인디언은 카카오를, 에티오피아 사람들은 커피를, 그리고 중국인들은 차를 아주 오래전부터 즐겨 왔답니다. 그러나 세계 각지의 재료에 설탕을 듬뿍 넣어 음료나 먹을거리로 발전시킨 것은 16세기 유럽이었습니다. 지금 세계인이 초콜릿과 커피와 차를 애용하게 된 배경이죠.

마지막으로 촉각과 국제 정치학에 대해 말해 볼까요? 우리는 나무를 손으로 만져 보고 뺨에 대고 비벼 보면서 동아시아의 문명을 느낄 수 있습니다. 예를 들어 동아시아의 건축은 전형적으로 목재를 대량 사용하는 형식이었으니까요. 반면 그리스-로마 문명으로 상징되는 유럽은 대리석이 건물을 만드는 대표적이고 중요한 자재였습니다. 미국 뉴욕을 비롯해 현대 대도시는 유리와 시멘트로 만든 성이라고 볼 수도 있습니다. 이렇듯 소재의 촉각을 통해 우리는 세계사를 상상하고 느낄 수 있습니다.

인류와 지구의 미래를 짊어질 여러분에게 학문을 대하는 몇 가지 중요한 태도를 설명하면서 이 책의 여정을 마치려고 합니다.

우선 가장 중요한 태도는 호기심입니다. 호기심은 자기 주변 사람들과의 관계에서 시작하여 점점 더 먼 관계나 지역의 사람까지 확산시키는 불빛과도 같습니다. 자기 자신, 나의 가족, 나의 나라에만 관심을 한정하지 말고 점점 더 멀리 관심의 영역을 넓히며 알아가는 것만큼 즐거운 일이 또 있을까요. 세계는 왜 이렇게 재미있는 것인지 느끼려면 그만큼 다양한 나라와 문화, 민족과 사회에 대해 궁금한 점을 풀어 보려는 호기심이 필요합니다. 세상은 아는 만큼 보이고, 보면 볼수록 더 알고 싶어지니까요.

둘째로 중요한 태도는 열린 마음입니다. 마음의 문이 닫혀 있다면 보고 싶은 것만 보게 됩니다. 국제 정치를 살펴보면 서로 대립하는 사람이나 집단을 쉽게 발견할 수 있습니다. 열린 마음이란 제한된 시각에서 세계를 바라보는 것이 아니라 다양한 입장을 모두 고려해 보려고 노력하는 마음입니다. 세계에서 매일 생겨나는 대립과 분쟁, 심지어 전쟁을 제대로 이해하려면 한쪽 이야기만 들어서는 불가능하겠지요. 양쪽 또는 다양한 편의 입장을 잘 경청한

다음, 서로 대립하는 이유를 이해해 보는 태도가 중요합니다.

셋째로 중요한 태도는 생각의 깊이를 추구하는 것입니다. 서로간의 차이를 이해하는 차원에서 만족하지 않고 한 단계 높은 해결의 단계로 발전하는 과정이라고 보면 됩니다. 깊이 생각하기 위해서는 자기 자신만의 주장과 고집을 부려서는 곤란합니다. 국제 정치학뿐 아니라 모든 학문은 자신의 무지가 얼마나 커다란지 아는 과정이라고 볼 수 있습니다. 우리가 알고 있는 것이 얼마나 작은 부분인지, 그리고 무지가 얼마나 큰지를 보면서 겸손을 배우는 것이죠. 겸손한 사람만이 상대방을 인정하고 협력할 수 있습니다. 겸손한 사람만이 균형 잡힌 사고를 할 수 있습니다.

이제 여러분은 호기심과 열린 마음으로 생각의 깊이를 얻기 위해 세상을 향해 나아갈 차례입니다. 세상이 여러분의 마음에 들지 않는다고 외면하지 말고 세계의 다양한 구석까지 알고 배워 가면서 여러분이 꿈꾸는 세상을 만들어 가세요. 국제 정치학을 통해 지구와 인류를 끌어안으면서 말입니다!

질문하는 사회 11

강대국만 핵무기를 가져야 할까?

초판 1쇄 발행 2021년 11월 5일
초판 2쇄 발행 2022년 5월 20일

지은이 조홍식
그린이 백두리
펴낸이 이수미
편집 이해선
북 디자인 신병근, 선주리
마케팅 김영란

종이 세종페이퍼 인쇄 두성피엔엘 유통 신영북스

펴낸곳 나무를 심는 사람들
출판신고 2013년 1월 7일 제2013-000004호
주소 서울시 용산구 서빙고로 35 103-804
전화 02-3141-2233 팩스 02-3141-2257
이메일 nasimsabooks@naver.com
블로그 blog.naver.com/nasimsabooks

ⓒ 조홍식, 2021
ISBN 979-11-90275-63-7
       979-11-86361-44-3(세트)